LE ROMAN D'ALEXANDRE
VIE D'ALEXANDRE DE MACÉDOINE

Dans la même collection

ARISTOPHANE	Théâtre complet
ESCHYLE	Théâtre complet
HOMÈRE	L'Iliade
—	L'Odyssée
SOPHOCLE	Théâtre complet

PSEUDO-CALLISTHÈNE

LE ROMAN D'ALEXANDRE

VIE D'ALEXANDRE DE MACÉDOINE

Traduction et édition par Aline Tallet-Bonvalot

Traduit avec le concours du Centre national du Livre

GF-Flammarion

ISBN 2-08-070788-4

Pour Clément, Lucien, Nicolas, Irène.

INTRODUCTION

« A la mode des chartes,
l'orée des terres connues est saisie de marets,
forests profondes, déserts et lieux inhabitables. »

Montaigne, *Essais*, I, 12.

Vie d'Alexandre

Alexandre de Macédoine, qui fut surnommé Alexandre le Grand, ou encore Alexandre le Conquérant, naquit à Pella en 356 avant J.-C. et mourut à Babylone en 323 avant J.-C., après avoir conquis tout le bassin oriental de la Méditerranée ainsi que l'Asie jusqu'à l'Indus. Son existence historique, ses campagnes militaires, ses actes politiques ne font pas de doute, et quantité de documents (sites archéologiques, monnaies, inscriptions, statues, textes sur papyrus, etc.) permettent aux historiens actuels de dessiner avec de plus en plus de précision le parcours spectaculaire de ce « grand homme » à travers la réalité de son époque.

Élevé à la cour de Macédoine, confié aux soins du philosophe athénien Aristote, Alexandre se révéla rapidement à hauteur des espoirs de son père Philippe. En 340, tandis que celui-ci guerroyait à Byzance, il assura à l'âge de seize ans la régence du royaume, réprimant de son initiative et avec succès une révolte de ses voisins thraces. Deux ans plus tard, en 338, l'armée macédonienne dont il commandait l'aile gauche triompha des Grecs coalisés à Chéronée. Cette victoire entraîna la constitution d'une Ligue des Hellènes, ou Ligue de Corinthe, que Philippe, général en chef, projetait d'entraîner dans une campagne « de représailles » en Asie où des cités grecques subissaient l'autorité du roi des Perses. Après l'assassinat de Philippe en 336, Alexandre, âgé de vingt ans, hérita d'une charge à la mesure de son ambition, et pour laquelle il était prêt. Reconduit par la Ligue de Corinthe dans les fonctions de son père, il fut nommé général en chef des forces grecques. En une année d'expéditions rapides et violentes, l'an 335, autour de la Macédoine, sur le Danube et sur l'Adriatique, puis en Grèce (destruction de Thèbes), il étouffa toute velléité de résistance. Il reprit alors à son compte le projet de Philippe, et se lança au printemps 334 sur la route de l'Asie, pour la plus grande expédition militaire de tous les temps. Au cours de cette même année, après une victoire contre les troupes perses sur les bords du Granique, l'armée d'Alexandre occupa à marches forcées toutes les villes de la côte d'Asie mineure jusqu'en Lycie. Un satrape lui livra Sardes et ses trésors. L'année suivante, en 333, Alexandre, déjà reconnu « roi de l'Asie », assura sa domination sur l'intérieur des terres; il trancha à Gordion le fameux « nœud gordien » et remporta une première victoire contre Darius en personne, à Issos : la famille du souverain perse fut capturée et superbement traitée. Au printemps 332, l'armée reprit sa marche le long des côtes phéniciennes en direction de l'Égypte : Tyr et Gaza subirent de longs sièges, et ce ne fut qu'à la fin de l'année qu'Alexandre parvint à Memphis. Accueilli en libérateur, il marqua profondément l'Égypte — alors sous domination perse —, où il ne séjourna pourtant que quelques mois. Alexandrie fut fondée en janvier 331. Deux mois plus tard, les affaires d'Égypte réglées, l'armée quitta Memphis pour Tyr. Alexandre avait accompli entre-temps sa « chevauchée fantastique » à travers le désert pour se faire reconnaître fils d'Ammon par l'oracle du dieu à Siwah, puis regagner Memphis par l'intérieur des terres. Rejetant les propositions de paix de Darius, l'armée grecque se lança à sa rencontre : remontant vers le nord-est, elle franchit successivement l'Euphrate et le Tigre pour affronter Darius à Gaugamèles : grande victoire pour Alexandre, qui prit ses quartiers d'hiver à Babylone. L'année 330 vit tomber toutes les grandes capitales perses : Suse, Persépolis, Ecbatane, dont les trésors royaux furent systématiquement pillés. L'armée repartit ensuite d'Ecbatane à la poursuite de Darius, obliquant vers l'est en direction des Portes Caspiennes. Assassiné par ordre du satrape Bessos, Darius reçut de solennelles funérailles organisées par Alexandre, qui, devenu roi de Perse, tenta d'adopter les coutumes du pays : la prosternation qu'il exigea de ses proches provoqua une première mutinerie. Alexandre démobilisa ses alliés grecs et incorpora dans son armée des soldats orientaux. Il consacra la fin de cette année 330 et les deux années suivantes, 329-328, à asseoir son nouveau pouvoir : campagnes et massacres dans les montagnes d'Hyrcanie, d'Arie, de Drangiane, d'Arachosie, de Bactriane et de Sogdiane contre des monarques révoltés ; poursuite, capture et exécution du satrape régicide Bessos ; répression, enfin, contre les officiers macédoniens ou grecs hostiles à la politique du nouveau roi : dénonciation du complot dit « de Philotas » et exécution de Parménion en 328, arrestation puis exécution de Callisthène en 327, mort de Cleitos le Noir, tué par Alexandre au cours d'une beuverie. La situation ainsi « clarifiée », Alexandre, en 327, épousa Roxane, princesse de Bactriane, invitant ses soldats à suivre son exemple. Il incorpora dans son armée d'importants contingents orientaux et prit de nouveau la route de l'est, pour l'Inde cette fois. Il soumit violemment, en quelques mois, les populations de la haute vallée de l'Indus (Aornos, 327), et affronta le roi indien Poros sur l'Hydaspe en 326. Il conclut une bataille difficile par une alliance avec ce roi, et dut céder, quelques mois plus tard, à la révolte de ses troupes qui refusèrent de le suivre au-delà de l'Hyphase. Revenant sur ses pas, Alexandre descendit en 325 la vallée de l'Indus, soumettant les populations locales, gagna la mer et rejoignit la Perse la même année en longeant la côte, à travers le terrible désert de Gédrosie. En 324, furent célébrées à Suse les fameuses noces de dix mille Occidentaux avec des femmes perses, Alexandre épousant lui-même deux princesses, filles d'Artaxerxès et de Darius. Les plus âgés des Macédoniens furent congédiés. Une nouvelle mutinerie à Opis fut suivie d'une répression sanglante. La mort d'Héphaïstion, le plus cher ami d'Alexandre, laissa le roi inconsolable. Il organisa de somptueuses funérailles, puis s'installa à Babylone où il reçut de nombreux ambassadeurs occidentaux. Il préparait une nouvelle expédition qui devait le conduire en Arabie puis en Libye, lorsqu'il mourut, emporté par une fièvre, le 10 juin 323, à l'âge de trente-deux ans.

Son corps fut embaumé et acheminé en 322 jusqu'à Memphis, en Égypte; Ptolémée le fit transférer à Alexandrie : il lui fit élever un tombeau où il fit l'objet d'un culte héroïque, avant de disparaître au début de l'ère chrétienne.

Récits anciens : Histoire et Légende.

On comprendra sans peine que la destinée de ce prince, malgré toutes les tentatives de l'Histoire pour en rendre compte, lui ait cependant échappé. Dès l'Antiquité et jusqu'à nos jours la carrière d'Alexandre a suscité autant de travaux érudits et scientifiques que de récits passionnés ou fabuleux, les seconds l'emportant toujours sur les premiers dans la mémoire des peuples.

Les historiens anciens ont été fascinés par le personnage. Sans avoir la rigueur méthodologique de la science historique actuelle, leurs ouvrages témoignent d'un véritable travail : compilation et analyse de documents (archives, par exemple), examen critique des différentes traditions, réflexion sur les systèmes de causalité, sur la psychologie des personnages. Nous ne devrons pas oublier, pour en avoir une perception correcte, que les historiens de l'Antiquité se donnaient pour but principal non pas d'approfondir une certaine connaissance du réel, mais de proposer à l'avenir, particulièrement aux princes, des modèles sur lesquels méditer. Cette préoccupation est énoncée clairement, elle est la loi du genre. Dans tous ces ouvrages, Alexandre est jugé, critiqué ou loué, selon les circonstances.

Citons rapidement, à titre indicatif seulement, les principaux de ces récits. Ils sont aujourd'hui traditionnellement répartis en deux séries, selon les sources auxquelles ils se réfèrent. Nous possédons plusieurs biographies : retenons entre autres celle de Diodore[1] (entre 54 et 36 avant J.-C.), celle de Quinte-Curce[2] (entre 41 et 50 après J.-C.), et celles de Plutarque[3] (début du IIe siècle après J.-C.). Toutes s'inspirent de l'œuvre d'un philosophe athénien installé à Alexandrie, Clitarque, qui composa entre 320 et 300 avant J.-C. une *Histoire d'Alexandre*, énorme somme établie à partir de documents de toutes sortes, récits et témoignages de première main. Ce récit, aujourd'hui perdu, et la tradition qu'il inspira constituent ce qu'on appelle la *Vulgate*. Toutes ces biographies présentent, rappelons-le, une orientation moraliste. A côté de ces biographies, nous devons à Arrien (IIe siècle après J.-C.) un long récit des conquêtes d'Alexandre[4]. Cet historien scrupuleux s'est appuyé essentiellement sur l'*Histoire d'Alexandre* de Ptolémée Sôter[5], compagnon puis successeur d'Alexandre en Égypte. Cette tradition est plus technique que celle des biographies (documents d'état-major, discours et communiqués officiels). Mais, mal-

1. Diodore, *Bibliothèque Historique*, livre XVII, en grec.
2. Quinte-Curce, *Historia Alexandri Magni*, en latin.
3. Plutarque, *Vie d'Alexandre*, et *De Alexandri Magni fortuna*, en grec.
4. Arrien, *Anabase*, en grec.
5. Cette *Histoire d'Alexandre* fut sans doute publiée à Alexandrie au début du IIIe siècle avant J.-C. On la désigne aussi sous le nom de *Mémoires*.

gré son apparente objectivité, elle n'échappe pas non plus à un souci de justification.

Dans cette longue tradition, *Le Roman d'Alexandre* occupe une place particulière. Son intitulé grec exact dans la version ici présentée, « Vie d'Alexandre de Macédoine », l'inscrit solidement dans la lignée des grandes biographies et, d'un point de vue technique, il résulte probablement lui aussi d'un travail de compilation de type historique. Notons ici que les épisodes merveilleux qu'on y rencontre ne suffisent pas à le marginaliser, de telles fantaisies se rencontrant aussi chez les historiens. L'originalité du *Roman d'Alexandre* tient plutôt à la liberté dont il fait preuve : l'auteur de cette Vie, contrairement aux historiens, ne rend compte d'aucun projet politique, ne présente aucune méthode de travail, ne manifeste aucun souci de la précision, chronologique ou géographique. Il élimine de son récit des épisodes bien connus, comme l'affaire du nœud gordien ou celui, plus significatif, des noces de Suse. Il en transforme d'autres radicalement ; typique est, de ce point de vue, l'itinéraire qu'il prête à Alexandre ; au mépris des connaissances alors disponibles, il déforme le parcours historique du Conquérant, ou plutôt le recrée, lui insufflant une dynamique nouvelle et une cohérence originale : tout rayonne à partir d'Alexandrie. Caractéristique, enfin, l'éclairage systématiquement favorable projeté sur les actions d'Alexandre, parti pris qui ne se rencontre chez aucun autre biographe. Ce propos hagiographique du texte l'apparente aux traditionnels mythes fondateurs bien plus qu'aux récits historiques que nous venons d'évoquer.

Rien d'étonnant à cela, d'ailleurs. Les propres contemporains d'Alexandre voyaient déjà en lui un être surnaturel, et il est probable qu'il travailla lui-même à cette mythification[1]. Ses historiographes avaient pour mission de consigner par écrit les hauts faits du nouvel Achille qu'il prétendait être : parmi eux, Callisthène

1. Voir P. Goukowsky, *Essai sur les Origines du Mythe d'Alexandre*, Annales de l'Est, Nancy, 1978-1981.

d'Olynthe, neveu du philosophe Aristote, fut désavoué puis exécuté en 327 pour avoir rappelé à son maître qu'il n'était qu'un homme. Les historiens eux-mêmes, malgré leurs efforts pour tirer Alexandre « en bas, vers le sol solide » — l'expression est de Claudel — n'ont pas empêché que fleurissent, à côté de leurs travaux, souvent mal connus, quantité de récits merveilleux recueillis en florilèges qui furent particulièrement populaires. Alexandrie, ville nouvelle, avait besoin de s'enraciner dans une Égypte plusieurs fois millénaire. La communauté cosmopolite qu'elle abritait avait elle aussi besoin de références pour vivre en paix. Alexandre y fut honoré comme héros éponyme, et son personnage échappa à l'Histoire pour entrer dans la Légende. Quelle que soit la place du *Roman* dans l'élaboration de cette légende, c'est à lui qu'elle doit son extraordinaire diffusion : les contemporains d'Alexandre ne le tenaient pas en grande estime, et ce n'est qu'avec ce texte que se répandit le mythe d'un héros modèle, doué de toutes les vertus.

Histoire du Roman d'Alexandre.

Cette fonction « mythique » originale explique certainement l'histoire particulièrement complexe de notre texte, que nous n'évoquerons ici que dans ses grandes lignes[1]. Commençons par ses références, signature et titre, qui demeurent confuses.

L'attribution du texte à un Pseudo-Callisthène traduit un anonymat de fait. Callisthène fut, on vient de le dire, l'historiographe personnel d'Alexandre. Il n'est certainement pas l'auteur de notre texte, dont des critères internes[2] révèlent qu'il a été composé à Alexan-

1. Parmi les spécialistes de la question, citons R. Merkelbach, *Die Quellen des griechischen Alexanderromans*, München, 1954.

2. Par exemple, l'expression ἐπὶ τούτου τοῦ ἐδάφους, où le démonstratif équivaut à un possessif : « sur notre sol » (p. 59).

drie, en Égypte, aux environs du IIIe siècle de notre ère, soit cinq siècles au moins après la disparition d'Alexandre. L'allure parfois « rapiécée » du récit dont nous disposons laisse supposer qu'il résulte d'un travail de compilation : plusieurs éléments épars de l'histoire et de la légende, d'origine parfois beaucoup plus ancienne — on parle du IIIe siècle avant J.-C. pour certains épisodes —, auraient servi à son élaboration. Se pose alors la question du « noyau » d'origine, dont on admet l'existence puis la disparition et dont on ne sait rien. Ce roman initial donne lieu à diverses hypothèses, tant sur sa datation que sur les circonstances de sa composition. Pour les uns, il s'agirait d'un ouvrage composé par un écrivain populaire qui dominait mal son sujet, et à qui l'on impute les incohérences qui subsistent dans notre texte. D'autres pensent qu'il s'agissait au contraire d'un travail de lettré, qui aurait connu un tel succès que toutes sortes de copistes inspirés et peu scrupuleux l'auraient reproduit et enjolivé à leur guise. Il est vrai que dès l'Antiquité et tout au long du Moyen Age les copies, traductions et adaptations de ce récit n'ont cessé de se multiplier.

Autrement dit et pour résumer, ce *Roman d'Alexandre* a été élaboré progressivement, en plusieurs étapes. Un premier état « fixe » du texte, — en grec ou en égyptien ? — a disparu sans laisser de trace. Il a toutefois inspiré de nombreuses « variations » dont plusieurs versions grecques que nous possédons, et que diverses traditions ont attribué sans fondement à certains auteurs anciens : Esope, Aristote, Callisthène. L'appellation de Pseudo-Callisthène aujourd'hui en vigueur reste imprécise : mais la question se révèle, en fin de compte, peu fondamentale. La propriété littéraire n'est pas un concept antique. Si les grands écrivains de l'époque classique sont connus par leur nom, c'est parce qu'ils participaient en tant qu'auteurs à des manifestations publiques : concours de théâtre, par exemple. L'époque hellénistique a bouleversé irrévocablement les rapports de l'homme à sa cité. L'individu a pris le pas sur le citoyen, les goûts du public ont changé : les textes à vocation populaire, sans référence politique, circulaient librement, ils n'étaient pas systématiquement signés. Tout copiste pouvait s'approprier un récit et le modeler à sa guise en y pratiquant des coupures, des greffes, ou des restructurations. Tel fut le cas du *Roman d'Alexandre*.

Cette appellation, qui date du Moyen Age, demande un certain nombre de précisions. On regroupe en effet sous ce titre toutes les versions issues du texte grec d'origine, de l'Antiquité jusqu'au Moyen Age. On distingue parmi elles deux traditions que nous pouvons présenter comme suit : une branche orientale représentée par exemple par une version arménienne (Ve siècle), une version syriaque (VIIe siècle), une version éthiopienne (IXe siècle), une version byzantine (XIIIe siècle), puis une version turque et une version persane ; une branche occidentale dont le développement ne fut pas moindre, avec plusieurs versions en latin[1], puis en langue vulgaire de divers pays européens : France, Allemagne, Espagne, Italie... C'est au XIIe siècle que fut diffusée en France sous le titre de *Roman d'Alexandre* une adaptation en langue romane d'une des versions latines de ce récit[2]. C'est donc à une référence linguistique qu'on doit ce titre de *Roman d'Alexandre*. Si l'on parle aujourd'hui de romans grecs, c'est en appliquant à une production littéraire antique une appellation moderne. Les Anciens parlaient tout simplement de « récits » (διήγησις).

Il n'y a pas lieu ici de s'attarder sur ce genre littéraire mal connu : on hésite encore pour en définir l'origine, grecque ou égyptienne, et le public, populaire ou aristocratique. Quelques remarques seulement pour mieux situer dans cet ensemble le *Roman d'Alexandre*.

1. Julius Valerius Alexander Polemius, *Res gestae Alexandri Macedonis*, début du IVe siècle.

Leo Archipresbyter, *Historia de preliis Alexandri Macedonis*, Xe s.

2. Nous simplifions les choses. Voir J. Frappier, *Le Roman d'Alexandre et ses diverses versions au XIIe siècle*, Grundriss der romanischen Literaturen des Mittelalters, vol. IV, Heidelberg, 1978, pp. 149-167. Notons encore que cette adaptation en vers de douze syllabes a donné son nom à l'alexandrin.

On s'accorde pour évoquer un « âge d'or » du roman grec qui couvre environ trois siècles, du Iᵉʳ siècle avant J.-C. au IIᵉ ou IIIᵉ siècle après. C'est au cours de cette période, hellénistique, puis romaine, que s'élabora notre texte. L'individu, comme on l'a dit, l'emportant sur le citoyen, le public a délaissé la politique et préféré des œuvres plus exotiques, plus divertissantes, que celles que lui offrait la littérature grecque classique. On s'est alors intéressé à la psychologie, aux histoires d'amour et d'aventures. D'où la récurrence de certains motifs caractéristiques du genre romanesque : voyages, situations et personnages empruntés à l'histoire, héros grandis par leurs exploits, aventures dépaysantes, petites scènes comiques... Autant d'éléments que l'on retrouvera dans le *Roman d'Alexandre* et qui justifient son intégration dans ce genre littéraire. Notons que ces thèmes à la mode expliquent que les romans grecs soient pour nous difficiles à situer. Tout en étant très proches de la vie quotidienne, ils contiennent peu d'allusions à la réalité politique de l'époque où ils ont été écrits, et les indices sûrs de datation ne permettent de proposer que des fourchettes très larges, de un, deux, voire trois siècles. Les nombreuses copies dont ils ont fait l'objet, entraînant parfois d'importants remaniements[1], ont rendu la question encore plus complexe. La genèse mystérieuse du *Roman d'Alexandre* n'a rien d'exceptionnel.

Et pourtant, il suffira au lecteur curieux de parcourir, même en diagonale, les romans grecs qui nous sont parvenus pour mesurer l'originalité de notre texte. Tout s'ordonne dans ces romans autour d'une histoire d'amour, développée presque toujours selon le même schéma : deux nobles jeunes gens qui s'aiment follement sont séparés par le destin, entraînés dans des épreuves et des aventures où ils font la preuve de leur vertu et de leur grandeur d'âme, et finissent heureuse-

1. Le phénomène a, par exemple, été mis en évidence par P. Grimal à propos du roman d'Achille Tatius, *Les Aventures de Leucippé et de Clitophon*. A plus forte raison concernait-il les textes anonymes. Voir P. Grimal, *Romans grecs et latins*, Gallimard, 1958.

ment par être réunis. Les hauts faits des héros y sont essentiellement chevaleresques[1]. Quant au récit lui-même il est souvent long et complexe : multiplication des personnages secondaires, récits dans le récit, enchaînements en tiroirs par exemple. On ne trouvera rien de tel dans notre roman.

C'est par cette originalité fondamentale que nous sommes tentée d'expliquer l'oubli dans lequel, au moins en France, est tombé le *Roman d'Alexandre* et dont il commence à peine à sortir[2]. N'appartenant clairement ni au genre historique ni au genre romanesque, il a échappé à toute classification et s'est trouvé, de ce fait, marginalisé : les littératures grecques ne l'évoquent que très imprécisément. Nous espérons que notre traduction en rendra la découverte facile et agréable.

Une œuvre littéraire

Tentons de caractériser plus nettement cette *Vie d'Alexandre*. Cette narration, comme l'indique le titre du manuscrit, se veut biographie et, de fait, la structure chronologique définit en partie la forme du récit : celui-ci commence avec la naissance d'Alexandre et se termine avec sa mort. On observera entre le début et la fin du texte une symétrie rigoureuse. Notons en particulier la récurrence de plusieurs thèmes : songes, présages, prodiges, monstruosités, complots, banquets, signes de l'univers... Repérons aussi un motif sur lequel nous reviendrons plus loin : l'heure de la naissance et l'heure de la mort, fatales s'il en fut, sont ici

1. Dans le roman de Chariton d'Aphrodise, *Les Aventures de Chéréas et de Callirhoé*, on retrouve au Livre VIII l'épisode du siège de Tyr, emprunté à l'histoire d'Alexandre. Le traitement de cet épisode est significatif : les deux héros, Chéréas et Dionysios, doivent tous deux leur bravoure au souvenir de Callirhoé ; l'un, désespéré de l'avoir perdue, n'a plus rien à craindre, l'autre espère la mériter. Voir P. Grimal, *op. cit.*

2. Témoin de ce regain d'intérêt, la récente traduction du texte dit L (recension β) aux éditions des Belles Lettres (1992).

toutes deux différées, dans la réalité décrite autant que dans la narration, par l'effet d'une volonté résistante. Olympias, sur le conseil de Nectanébo, retarde le moment de mettre son enfant au monde, et le récit s'étire dans de longues considérations mythologiques ; de même, à la fin du roman, Roxane intervient à temps pour empêcher Alexandre de se donner la mort, et le récit se prolonge avec une nouvelle scène et, peut-être, la copie du Testament d'Alexandre[1]. Remarquons enfin que le voyage accompli par la dépouille d'Alexandre après sa mort, de Babylone à Memphis en passant par Péluse, puis à Alexandrie, fait écho aux pérégrinations que Nectanébo effectue pour se rendre en Macédoine avant la naissance du héros. Que conclure de cette comparaison ? D'abord, bien sûr, nous avons le sentiment très net que la boucle est bouclée. Ces deux épisodes, initial et final, enferment le texte, enclosent le développement central dans un support qui sera assez solide pour contenir une matière plus mouvante. Nous nous référerons à cette structure biographique — et telle est sa fonction essentielle — chaque fois que nous aurons la sensation de nous perdre dans le roman. Remarquons à ce propos que, très dense au début et à la fin, elle n'en parcourra pas moins tout le texte : les éléments caractérisants que nous avons relevés (songes, prophéties par exemple) réapparaîtront régulièrement, rappels du passé ou annonce de l'avenir, dessinant ainsi à travers le roman une sorte de fil d'Ariane chronologique. Cette comparaison attire aussi notre attention sur deux autres points. Nous notons d'abord que le temps de la stricte biographie est dilaté aux dimensions de l'éternité : par son père égyptien, — homme ou dieu ? — Alexandre plonge les racines de sa vie dans la nuit des temps. Son apothéose ouvre devant lui l'éternité de l'avenir. Un déséquilibre dans la symétrie qui permet d'associer le voyage accompli par la

1. Malgré ce rôle qu'on peut lui attribuer dans la dynamique du récit — et vu qu'il peut aussi être considéré comme une interpolation assez lourde — nous avons légèrement déplacé le Testament, le reportant à la fin du roman.

dépouille d'Alexandre à celui de Nectanébo met, d'autre part, en lumière un élément fondamental du roman : Alexandrie. Entre la naissance et la mort du héros, il y aura Alexandrie, microcosme voué à l'immortalité, lieu central où viendra se cristalliser cette aventure humaine[1].

Plus que l'histoire événementielle et narrative, c'est le temps qui passe qui intéresse notre auteur, et le pouvoir qu'a l'homme, individu pris dans l'éternité, d'agir sur son déroulement : il est né, il est mort, qu'a-t-il fait, que reste-t-il de lui ? Le cas d'Alexandre est, de ce point de vue, fascinant.

Pour évoquer les développements intérieurs du roman, nous sommes tentée d'emprunter aux géologues le terme de « magma » : c'est en effet une littérature en activité que nous découvrons, comme en phase d'élaboration. Le lecteur observera sans peine une sorte d'amalgame entre plusieurs formes d'expression auparavant caractéristiques d'un genre littéraire : tout se passe comme si le narrateur cherchait dans cette fusion qu'il opère à donner naissance à un genre nouveau. Il ne s'agit certes pas de surestimer cette démarche créatrice qui, rappelons-le, fut peut-être inconsciente et collective. Nous ne pouvons cependant manquer d'être frappée par la vivacité nouvelle avec laquelle l'auteur aborde des formes et des thèmes connus.

Après un parcours sans surprise sur la lancée initiale, et au long duquel nous sommes guidés, entre narration et dialogue[2], par des repères chronologiques précis —

1. Sur une carte du monde connu, comme celle qu'a pu établir Claude Ptolémée au IIe siècle après J.-C., Alexandrie occupe exactement le centre des territoires explorés par Alexandre dans notre roman. On pourra consulter ces cartes — aujourd'hui perdues — dans la reproduction qu'en donne un manuscrit latin du XVe siècle (VF. 32 Bibliothèque nationale de Naples) récemment publié : *Cosmographie, Tables de la Géographie de Ptolémée*, Bookking International, Paris, 1990.

2. Les dialogues dans le texte grec sont intégrés à la narration par des incises ou de petites phrases d'introduction. La syntaxe du discours indirect en grec est toutefois assez proche de celle du discours direct pour que l'effet que nous avons rendu par la disposition dialoguée soit perceptible dans le cours de la narration.

Alexandre grandit –, nous subissons un premier « choc » avec le long épisode de la fondation d'Alexandrie. L'auteur, visiblement ému[1], abandonne la narration linéaire et se met à tout bouleverser. Tous les repères chancellent, le passé de l'histoire rejoint le présent de la narration, les époques se mêlent, les dieux se confondent. Le texte n'avance plus, mais au contraire s'étale, revient en arrière, faisant mention d'une activité exceptionnelle : on détruit, on restaure, on réfléchit, on innove, on construit, c'est un véritable cataclysme que l'auteur semble ne plus contrôler. Autant dire que l'épisode est crucial et qu'au-delà de sa valeur pragmatique[2] il donne au récit sa véritable impulsion. Sa durée insistante l'inscrit dans notre mémoire de lecteur comme une sorte de point focal sur lequel se concentrera désormais le rayonnement du texte : les aventures d'Alexandre prendront sens dans leur rapport à cet acte fondateur. La complexité de la narration modifiera dès lors notre façon de lire : notre attention sera désormais sérieusement requise, nous participerons activement à l'élaboration intelligible du texte. Un dernier point enfin : comme nous l'avons déjà remarqué à propos de la naissance et de la mort d'Alexandre, nous observons que l'auteur cherche à imiter avec ses moyens de narrateur (ralentissements, longueur des descriptions, répétitions, etc.) l'œuvre du héros qu'il met en scène.

Le long développement qui succède à l'épisode de la fondation d'Alexandrie et qui nous mènera jusqu'à la mort de Poros tire son unité du thème, dramatique par excellence, autour duquel il s'organise : la découverte de l'autre — confrontation, affrontement. La progression linéaire du texte restera perceptible dans la succession des rencontres entre Alexandre et ses ennemis, Darius, puis Poros. Mais avant de parvenir au corps à

1. Rappelons que le texte du roman a été composé à Alexandrie, ainsi qu'en témoigne l'expression « sur notre sol ».

2. On peut supposer que l'épisode remonte à l'époque des premiers Ptolémées, ce qui pourrait expliquer un certain « chauvinisme ».

corps que nous attendons et à la résolution du drame par la mort de l'autre, nous devrons parcourir de nombreux détours. Alexandre dévie du chemin le plus droit pour de longues digressions[1], tandis que l'auteur explore de nouvelles possibilités d'expression : poèmes, harangues, lettres viennent enrichir et varier la narration. Arrêtons-nous sur un épisode qu'il a voulu marquant : la destruction de Thèbes. Contrepoids au récit de la fondation d'Alexandrie (même structure narrative — poétique, mêmes heurts dans la narration), l'épisode thébain retiendra notre attention non seulement du fait de sa longueur, mais aussi à cause de l'insistante justification dont il est assorti. Alors que tous les historiens réprouvent le massacre perpétré par Alexandre, l'auteur nous présente ici un héros qui, descendant d'ancêtres justes et secourables, accomplit au nom du Destin un acte radical : après avoir ancré le Bien sur la terre en fondant Alexandrie, il en élimine le Mal en faisant disparaître Thèbes, cité coupable et maudite. Choix délibéré de la part du narrateur que de nous proposer comme modèle un personnage lucide et maître de sa volonté.

Ce thème de la connaissance et de la maîtrise de soi donne en fait à tout ce passage, au-delà d'une apparente dispersion, une cohérence profonde. L'échange de lettres qui caractérise stylistiquement les relations d'Alexandre avec Darius puis Poros nous conduit à une intelligence plus affinée des caractères : l'expression directe, qui place les deux héros face à face sous le regard du lecteur, sans intermédiaire, nous met en présence de personnages qui analysent eux-mêmes ce qu'ils sont et ce qu'ils veulent. « Je suis un dieu, dit Darius, et tu es un brigand. » « Tu es un mortel, répond Alexandre, et je suis un roi. » La diversification des points de vue sur l'autre, par exemple le jugement de Rodogune sur Alexandre, les épisodes où le regard change, comme celui où Alexandre se rend *incognito* à la

1. Il est vain de vouloir chercher à cet itinéraire une quelconque cohérence géographique ; il n'est évidemment pas celui que décrivit Alexandre dans la réalité.

cour de Darius, les anecdotes révélatrices d'un trait de caractère, tous ces procédés dessinent en fin de compte des héros de chair, des héros humains. Loin d'être des personnages mécaniques aux gestes définis par l'histoire, Alexandre et Darius vivent d'une vie nouvelle, et s'étonnent. Ils connaissent comme tout homme — donc comme tout lecteur invité à se retrouver en eux — la souffrance, la peur, la haine; ils sont marqués par le temps qui passe, ils évoluent au fil des épreuves. C'est là, à notre sens, une des originalités de cette *Vie d'Alexandre* : contrairement à leurs modèles épiques de l'*Iliade* et à leurs camarades sentimentaux et invulnérables des romans d'amour, les héros progressent ici jusqu'à faire preuve d'une grandeur d'âme nouvelle, que nous pourrions qualifier d'humaniste. Loin, encore une fois, de ce que fut l'histoire[1], l'auteur démontre que l'Autre absolu — l'étranger, le Barbare, l'ennemi, le monstre[2] — peut être approché, fréquenté, reconnu, admiré, et même aimé. Cette découverte donnera lieu à l'un des rares passages pathétiques du roman, moment particulièrement intense de la mort de Darius où le narrateur convie le lecteur à partager avec lui l'émotion des héros.

Dans le domaine de la connaissance, l'expérience fait progresser : les longues démarches qui ont peu à peu permis à Alexandre de démystifier le personnage de Darius, d'accéder à sa réalité, — « humain, trop humain » — l'ont définitivement enrichi : l'acquis est devenu force; la connaissance de soi et de l'autre confère à qui la maîtrise un pouvoir nouveau. Le géant Poros, même si la réalité fut tout autre[3], sera éliminé rapidement dans un duel où triomphera l'esprit pratique. L'auteur précisera, certes, que le combat dure

1. Il est vrai qu'Alexandre sut parfois faire preuve de grandeur et de générosité. Mais il ne cultivait pas ce principe. Nul ne saura jamais quelles furent ses véritables intentions : ses témoignages de bonté étaient-ils destinés à servir un idéal de fraternité entre les peuples, ou à consolider son pouvoir par des moyens « économiques »?

2. Les Perses sont innombrables, Poros est de taille gigantesque.

3. Poros infligea de lourdes pertes à Alexandre, qui, impressionné par sa bravoure, chercha à gagner son amitié et s'en fit un allié.

depuis vingt-cinq jours et que les troupes s'épuisent; mais cette notation n'occupera que quelques lignes, et la rapidité de la lecture sera plus pertinente ici que la durée signifiée.

Cette longue évocation de l'affrontement entre Alexandre et ses adversaires témoigne d'une démarche originale : l'auteur réécrit l'histoire afin de mettre en avant des héros qui se cherchent. Il essaie des formes nouvelles, les entremêlant dans son récit, comme s'il voulait par cette diversité de moyens et d'effets rendre compte à sa manière du mystérieux foisonnement de l'être.

Avec la mort de Poros s'amorce un tournant important dans le déroulement du roman. Le Conquérant, désormais assuré de son identité, ne recherche plus le combat; toujours curieux de l'autre, il se passionnera désormais pour l'aventure, la découverte. Le récit abandonne toute linéarité, témoignant dans sa structure même de ces démarches d'explorateur. Une discussion avec les brahmanes ouvre une nouvelle perspective, signale, dans l'allusion à cette forme platonicienne[1], un projet philosophique, immédiatement confirmé par une lettre à Aristote. Quelques informations contenues dans cette lettre sont reprises plus loin et différemment par la narration; une lettre à Olympias procède de la même façon, reprenant des éléments narratifs récemment énoncés sans que le texte coïncide avec lui-même : interpolations, peut-être; mais, en tout cas, approche circonscrite du monde et des peuples explorés, vus et revus, lentement apprivoisés, et conquis en fin de compte d'une douce conquête par l'explorateur qui porte témoignage de ce qu'il a découvert : le récit de voyage, ici récit dans le récit, est devenu pour Alexandre la seule appropriation légitime. Impossible, dans cette succession ou plutôt mosaïque[2] de récits et de

1. Le recours à des devinettes ou énigmes est un moyen traditionnel — et universel — d'éprouver la sagesse de quelqu'un. Mais la portée philosophique des questions, les raisonnements qui sous-tendent les réponses ainsi que les objections d'Alexandre nous paraissent justifier une référence à Platon.

2. L'expédition d'Alexandre chez la reine Kandaké constitue une sorte de petite comédie tout à fait autonome.

lettres, de repérer une quelconque chronologie, un parcours suivi. Ce monde exploré ne nous est que partiellement livré, il reste mystérieux, fantastique, et nous sommes entraînés à nous perdre délicieusement dans le texte, du Sud au Nord, de l'Orient à l'Occident, parmi prodiges et merveilles, — comme peut-être Alexandre s'est perdu — dans un monde vierge qu'il a laissé vivre de sa propre vie. C'est ici que la forme autobiographique prend toute son efficacité : les lettres d'Alexandre à Aristote et à Olympias sont assez longues pour que tous les partenaires du texte soient confondus dans la même aventure à la première personne. Le récit, sans cesse attentif à la mesure de l'homme, dans sa réalité quotidienne autant que dans ses idéalisations et dans ses rêves, fait partie de ces textes où chacun se retrouve. Nous y avons observé la marque d'un travail d'auteur : intégration de modèles connus constituant un ensemble original; imitation, par des moyens stylistiques, du contenu de la narration; mise en place de repères, chronologiques ou thématiques, permettant l'exploration de domaines inconnus — terres vierges, psychologie du sujet, moyens d'expression. Nous dirions volontiers ce travail sous-tendu par la perception instinctive d'une réalité commune à tous les hommes[1], nés de la terre, soumis à la mort, et occupés au cours de leur vie à connaître et à finir, en le décrivant et en le limitant, le monde dans lequel ils vivent.

Alexandre est un héros, un homme extraordinaire. Des colonnes d'Héraclès à l'Indus, du pays des Amazones à celui des Éthiopiens, il a fait le tour du monde; l'itinéraire que lui prête ce récit englobe quasiment tout l'espace que les géographes grecs décrivaient comme Oikouménè, terre habitée. Quel sens donner à cette aventure ? Par quel désir jamais satisfait le héros est-il entraîné, pour vouloir atteindre l'Océan, le bout du monde ? L'Histoire nous enseigne que l'orgueil et l'ambition ne furent pas étrangers aux projets

1. *A fortiori* s'il s'agit d'une élaboration collective, comme celle dont témoignent les mythes.

d'Alexandre. Notre texte ira plus loin : il ne cesse de répéter ses questions obsédantes : « Qui est mon père ? Qui suis-je ? Qui sont les dieux ? Que dois-je faire ? Quand mourrai-je ? Aurai-je droit à la Vie éternelle ? » Au fil des pages se profileront des réponses : je suis un mortel et n'ai comme certitude que la réalité dont je fais l'épreuve, j'accomplis fatalement ma destinée, mais j'ai aussi la liberté de créer et d'accéder ainsi à l'immortalité. Je peux choisir ma mort, je peux aussi l'attendre et l'assumer. Quête d'identité, donc, de sens, de liberté. La brève conclusion du récit donnera enfin la clé de cette destinée : « Il guerroya durant sept années, jusqu'à l'âge de vingt-cinq ans ; il passa les autres années de sa vie dans la paix, le repos[1] et la joie. » Alexandre gagnera son bonheur, il acquerra, au fil des épreuves, la sagesse qui fait vivre en paix. En fait, ce qui tout au long du récit donne vie et corps à ce héros, c'est la réalité qu'il incarne, ce sujet curieux qu'il devient — et que nous sommes tous —, passionné de l'autre et du monde, libéré par la connaissance et promis à l'immortalité, pour peu qu'il accomplisse son œuvre.

Alexandre est l'ancêtre éponyme, historique et mythique, qui a fondé Alexandrie, homme-dieu, grec et égyptien, maître du monde, de qui chaque Alexandrin — chaque « citoyen du monde » ? — peut se réclamer, quelles que soient ses propres origines. *Le Roman d'Alexandre* a été composé il y a une vingtaine de siècles environ. Il nous frappe aujourd'hui par sa fraîcheur et sa pertinence. Grâce à lui, Alexandre a inscrit son nom dans la mémoire des peuples. Libéré des pesanteurs historiques, il est devenu pour l'humanité un héros à la fois mythique et familier, en qui chacun retrouve son semblable, ou au moins une part de lui-même. Cette quête qu'il mène inlassablement, et qui renvoie le lecteur à sa propre méditation, donne à cette œuvre, malgré une apparente exubérance, une

1. Nous avons traduit par « repos » un terme qui signifie littéralement « absence d'inquiétude » (ἀμεριμνία).

cohérence profonde. Nous ne voudrions pas conclure sans insister encore sur son caractère littéraire. Car cette recherche de nouveauté, d'inconnu, d'absolu, de sens enfin, qui caractérise Alexandre, est aussi celle de l'écrivain. La fusion, jusqu'alors inédite, qu'il opère entre toutes les formes d'expression disponibles pour façonner un texte unique rappelle l'œuvre d'Alexandre : circonscrire le monde connu et le fondre en un tout unique et harmonieux. Cherchant à sa mesure à imiter son héros, l'auteur use aussi de son pouvoir créateur et de sa liberté pour achever l'œuvre de celui-ci : en déclarant Alexandre maître de la cité des Prasiens et en donnant pour réalisés ses projets en Occident, il participe à l'aventure à laquelle il met un terme avant de la livrer, parfaite, à l'éternité. Qu'il y ait un ou plusieurs auteurs, ce roman est bien le fruit d'une lutte volontaire menée avec les mots et les moyens de l'art contre le temps et l'oubli, pour le plaisir et l'immortalité.

Aline TALLET-BONVALOT.

Je tiens particulièrement à remercier ici M. Jean Sirinelli, qui a encouragé ce travail et dont la confiance me fut précieuse. Je remercie également Mme Hélène Vairel pour l'abondante documentation qu'elle m'a fournie et les heureuses corrections qu'elle m'a suggérées, ainsi qu'Hélène Cuvigny qui m'a aidée à élaborer une traduction intelligible de l'épisode complexe de la fondation d'Alexandrie.

NOTRE EDITION

Le texte A

Nous avons dit que toutes les versions existantes du *Roman d'Alexandre* se référaient, directement ou indirectement, à un récit originel aujourd'hui disparu, mais dont nous possédons les premières copies ou adaptations, en grec. Cette version grecque du roman ne nous est connue que depuis un siècle. Nous en comptons actuellement cinq recensions. La recension la plus ancienne, α, est représentée par un seul manuscrit, désigné par la lettre A ; elle date probablement du IIIe siècle après J.-C., époque à partir de laquelle elle supplante, après l'avoir remanié, le texte plus ancien aujourd'hui disparu. Les autres recensions sont représentées chacune par plusieurs manuscrits, et dérivent soit de α, soit du texte d'origine et de recensions secondaires. Devant un tel foisonnement, tout choix relève de l'arbitraire. Il nous a paru à la fois plus simple et plus efficace de « commencer par le commencement ». La recension α étant ce qui nous est parvenu de plus ancien, nous avons traduit le texte du manuscrit A.

Ce manuscrit A a été découvert en 1846 à la Bibliothèque nationale de Paris par K.F. Müller. Il porte le nom de *Codex Parisinus Graecus 1711*, et présente un texte qui s'intitule, en grec, *Vie d'Alexandre de Macédoine* ; aucune signature n'y figure. Ce manuscrit, qui date du XIe siècle, mal copié, plein de fautes d'orthographe, d'oublis, d'erreurs, a été édité aussitôt après sa découverte par Müller. En 1926, W. Kroll a proposé une édition critique[1] dans laquelle il a rétabli, à l'aide des autres versions grecques, de la version arménienne et des versions latines essentiellement, un texte correct et bien lisible. C'est sur cette édition que nous avons travaillé. Nous avons comblé les lacunes et repris les passages corrompus ou absurdes en recourant principalement à la version arménienne : cette version, qui date du Ve siècle, semble en effet plus fidèle au texte grec d'origine dont elle découle peut-être directement que les autres versions grecques ; elle figure en grec dans l'apparat critique, dans la rétroversion qu'en a donnée Raabe en 1896.

Notre texte offre un aspect assez composite. Il présente, dans le manuscrit, une division en trois livres qui n'obéit qu'imparfaitement à des critères structurants. S'il s'agit d'une répartition matérielle en trois volumes, ils sont sensiblement inégaux, leur rapport étant environ de 5/5 pour le Livre 1, de 3/5 pour le Livre 2, et de 4/5 pour le Livre 3, Testament compris. S'il s'agit d'une division par thèmes, on comprend mal pourquoi l'aventure grecque est répartie presque également entre le Livre 1 — l'enfance du héros — et le Livre 2 — Darius et la Perse —, seul le Livre 3 présentant une relative unité — l'Inde, et aventures diverses. Qu'elle remonte au récit d'origine ou à sa traduction latine par J. Valerius, cette division n'offre pas d'intérêt pour nous et nous ne l'avons pas reproduite dans notre traduction. Plus pertinentes seront les observations sur la composition du texte. Rédigé en prose, il comporte plusieurs passages en vers, plus ou moins longs, sans qu'il soit possible d'établir une règle qui justifie le recours à la forme poétique[2]. Composé comme une

1. *Historia Alexandri Magni*, Pseudo-Callisthenes. Recensio vetusta, edidit Guilelmus Kroll, Weidmannsche Buchhandlung, Berlin, 1926.

2. Nous n'avons reproduit les passages en vers que quand ils nous ont paru présenter une certaine unité. Ceux que nous avons rendus en prose ne sont toutefois ni très nombreux, ni très longs.

narration à la troisième personne, il contient de nombreuses lettres, parfois très longues, qui donnent au récit une allure autobiographique. Le style, simple et naturel, prend de temps à autre une tournure plus éloquente, imitant la poésie épique ou les orateurs attiques en particulier. Enfin, sur le fond, le récit présente de nombreuses incohérences dans son déroulement : itinéraires absurdes, épisodes répétés plusieurs fois de façon différente, digressions maladroitement intégrées[1]...

On évoquera évidemment la genèse complexe de ce récit pour rendre compte de ces difficultés et l'on pourra tenter de reconstituer, à partir des pièces dont on dispose par ailleurs, un état plus « satisfaisant » du texte. Mais en fait, à quoi bon ? Ce qui nous frappe surtout, c'est que ces « imperfections » que nous venons de mentionner restent superficielles et ne perturbent absolument pas la lecture. Malgré quelques difficultés auxquelles nous nous heurtons parfois, nous progressons sans peine dans notre découverte du texte, indice précieux, pour nous, de son efficacité. A cet égard, le texte A nous paraît particulièrement intéressant. Sa cohérence est réelle et, au-delà du projet mythologique dont il relève, nous sommes convaincue de son intérêt littéraire.

1. Toutes ces incohérences ont été répertoriées par A. Ausfeld, *Der griechische Alexanderroman*, Leipzig, 1907. Relevons-en deux exemples : Où situer l'action entre la bataille de Persépolis et la mort de Darius ? Comment comprendre les allées et venues d'Alexandre autour de la ville des Prasiens ?

LE ROMAN D'ALEXANDRE
Vie d'Alexandre de Macédoine

Descendants des dieux et savants entre tous les hommes, les Egyptiens ont su mesurer la terre, dompter les flots de la mer, répartir l'eau du Nil pour l'irrigation et calculer la position des astres dans le ciel; ils maîtrisaient aussi l'art des formules et des opérations magiques, et ils ont transmis au monde entier leurs découvertes en ce domaine. Voici ce qu'ils racontent[1].

Nectanébo, qui fut le dernier roi d'Égypte — car cette noble fonction disparut après lui — était devenu, grâce à ses pouvoirs magiques, un maître absolu : avec ses formules, il s'était soumis tous les éléments de l'univers. Qu'on en juge : quand une guerre, soudain, menaçait, telle une nuée s'abattant sur lui, mobilisait-il son armée ? Faisait-il transporter des armes, affûter des épées, construire des machines de guerre ? Non. Il se retirait dans son palais, prenait un bassin de bronze et le remplissait d'eau de pluie ; avec de la cire, il modelait des bateaux en miniature et de petites figurines humaines qu'il jetait dans le bassin ; puis, tenant à la main une baguette d'ébène, il prononçait une incantation et invoquait les anges et le dieu libyen Ammon[2] ; il plongeait ensuite sous l'eau les petits bateaux qui se trouvaient dans le bassin magique et, au même moment, les vaisseaux de guerre des assaillants sombraient en pleine mer. Voilà comment Nectanébo triomphait de ses ennemis. Il procédait de la même manière avec ceux qui l'attaquaient sur terre.

Grâce à sa grande habileté, Nectanébo se maintint au pouvoir assez longtemps. Mais, un jour, un de ces hommes que les Romains nomment « sentinelles » et les Grecs « espions » vint le trouver et lui dit : « Tout puissant Nectanébo, attention! Ne songe plus à la paix. Voici que fond sur toi une immense nuée de milliers d'ennemis : Scythes, Arabes, Oxydraques, Ibères, Sères, Caucônes, Lapithes, habitants du Bosphore, Argiens, Azanes, Chaldéens, Mésopotamiens, Agriophages, Euonymites et tous les autres peuples importants du Levant; ils ont une armée innombrable, des milliers de guerriers qui brûlent de conquérir ton Egypte[3]. » A ces paroles de l'officier, Nectanébo répondit en souriant : « Tu fais bien ton travail, tu ne dors pas quand tu montes la garde; mais tu as mal parlé, comme un lâche, non comme un soldat. Ce n'est pas le nombre qui fait la force, mais le désir de vaincre : une seule parole peut repousser une multitude et une main habile faire disparaître une foule. On a déjà vu un chien, seul, maîtriser une harde de biches, et un loup, seul aussi, anéantir un troupeau de moutons[4]. » Sur ces mots, il le congédia.

Puis il se retira dans le palais et fit sortir tout le monde. Une fois seul, il installa son bassin au milieu de la pièce; il le remplit d'eau, y jeta les petits bateaux de cire, prit sa baguette d'ébène et prononça les paroles magiques appropriées. Et là, regardant le bassin, il vit que les dieux égyptiens guidaient les bateaux de ses ennemis les Barbares. Il en conclut que le roi d'Egypte était désormais trahi par ses dieux. Alors il se coupa les cheveux et la barbe pour changer de visage, cacha dans les poches de ses vêtements autant d'or qu'il en pouvait porter et s'enfuit d'Egypte par Péluse. Il parcourut de nombreux pays avant d'arriver à Pella, en Macédoine[5]. Là, vêtu d'une robe légère à la manière des mages égyptiens ou des astrologues, il tenait des séances publiques où venaient le consulter tous ceux qui le désiraient. Voilà donc ce qu'il en fut.

En Egypte cependant, après la disparition de Nectanébo, on interrogea l'ancêtre des dieux, Héphaïstos, pour savoir ce qu'était devenu le roi. Le dieu conseilla aux Egyptiens d'aller consulter dans son sanctuaire le dieu invisible Sarapis, qui leur rendit cet oracle : « Le roi qui a fui l'Egypte, encore plein de vigueur et d'ardeur, mais vieux, reviendra en son temps régner sur la terre d'Egypte ; il sera jeune alors, et n'aura plus les traits d'un vieillard ; il fera le tour du monde, il soumettra nos ennemis à notre loi[6]. » Comme les Egyptiens ne comprenaient pas le sens de cet oracle, ils en gravèrent les vers sur la statue de Nectanébo afin de s'en souvenir le jour où il se réaliserait.

En Macédoine, Nectanébo, abondamment sollicité, acquit une telle renommée qu'Olympias elle-même désira le consulter[7]. Un jour que Philippe était retenu au loin par une guerre, elle le fit appeler. Nectanébo se rendit donc au palais. Dès qu'il vit Olympias, qui était plus belle que la lune, il fut — lui qui avait déjà de nature un penchant pour les femmes — tout émoustillé de désir amoureux. Il la salua d'un signe de la main et lui dit : « Je te salue, reine des Macédoniens » — il s'abstint de l'appeler « maîtresse », conscient d'être lui-même un roi[8]. Olympias lui répondit : « Je te salue, excellent mathématicien[9]. Viens t'asseoir près de moi. » Puis, quand il se fut assis :

— Es-tu vraiment égyptien ?

— Les gens bien informés le disent.

— Comment procèdes-tu pour prophétiser ?

— C'est une bonne question, reine. De fait, on a le choix entre toutes sortes de procédés : certains interprètent les songes, d'autres expliquent les signes, d'autres encore observent les oiseaux ; il y a les devins, ceux qui lisent dans le sable, ceux qui tirent les horoscopes, les mages, les astrologues. Pour ma part, type accompli du prophète égyptien, je pratique toutes ces méthodes : je suis mage et astrologue.

Cela dit, il regarda Olympias de manière très insistante. Celle-ci le remarqua et lui demanda :

— A quoi penses-tu donc, prophète accompli, pour poser sur moi un regard aussi indiscret ?

— Je viens de me souvenir d'un oracle, reine, lui

répondit-il ; les dieux de mon pays m'ont fait entendre naguère que je serais consulté par une reine et que mes paroles se révéleraient véridiques.

Là-dessus, il tira de sa poche une table astrologique de grand prix, bien digne d'appartenir à un roi : les mots ne sauraient la décrire. Elle était faite d'ivoire, d'ébène, d'or et d'argent. Cette table était divisée en trois zones concentriques : sur l'anneau extérieur se trouvaient les trente-six décans, sur le suivant, les douze signes du zodiaque, et, au centre, le soleil et la lune. Nectanébo posa la table sur un siège ; puis il ouvrit une petite boîte, en ivoire elle aussi, d'où il sortit huit pierres précieuses représentant les sept astres et l'horoscope. Avec ces pierres, il reproduisit tout le ciel sur ce petit cercle qui se mit à briller de mille feux : pour le Soleil il avait un cristal, pour la Lune un diamant, pour Arès une hématite, pour Hermès une émeraude, pour Zeus une pierre azurée comme l'éther, pour Aphrodite un saphir, pour Cronos un ophite ; pour l'horoscope enfin, il avait un morceau de marbre blanc. Puis il dit : « Indique-moi, reine, l'année, le mois, le jour et l'heure de ta naissance. » Olympias lui répondit et Nectanébo fit des calculs avec ses pierres pour savoir s'il y avait une conjonction astrale entre sa propre naissance et celle de la reine. La position des astres étant favorable, il poursuivit :

— Que souhaites-tu savoir, reine ?

— C'est à propos de Philippe : on m'a dit qu'après la guerre il me répudierait pour épouser une autre femme.

— Cela est faux, reine : la séparation n'est pas pour tout de suite ; elle aura lieu en son temps, plus tard. D'ailleurs, en tant que prophète égyptien et mage, je peux t'être d'un grand secours si tu as besoin de moi en cette circonstance. Mais pour le moment, d'après ce que tu m'as dit de ta naissance, ton destin est de t'unir à un dieu vivant sur la terre[10] ; il te donnera un enfant qui te vengera des injures de Philippe.

— Et qui est ce dieu qui doit partager ma couche ?

— C'est un dieu libyen, le dieu cornu qui dispense les richesses, Ammon.

— Quel âge a-t-il ? Est-il jeune ou d'âge mûr ? Et de visage, comment est-il ?

— Il est d'un certain âge, avec des cheveux blancs et des cornes de bélier sur les tempes. C'est en songe que tu le verras s'unir à toi.

— Quand cela ?

— Bientôt, aujourd'hui même ! Je te conseille de te préparer comme il sied à une reine. Car cette nuit, le dieu t'enlacera en songe.

— Si je vois ce que tu m'annonces, je te vénérerai non comme un prophète ou un mage, mais comme un dieu !

Après cet entretien, Nectanébo sortit du palais. Sans perdre un instant, il gagna en courant un lieu désert où il cueillit des plantes propres à inspirer des songes ; il en fit une décoction, puis, avec de la cire, il modela un corps de femme sur lequel il inscrivit le nom d'Olympias. Il façonna ensuite un petit lit de cire sur lequel il déposa la statuette. Après avoir allumé une lampe, il versa sur la figurine la décoction qu'il avait préparée et prononça des formules destinées à inspirer à Olympias le songe de l'acte qu'il désirait : celle-ci vit effectivement en rêve Ammon l'enlacer et s'unir à elle, puis se relever et lui dire : « Femme, tu portes en ton sein celui qui te vengera. »

A son réveil, étonnée d'avoir rêvé exactement ce que lui avait annoncé Nectanébo, Olympias fit appeler le mathématicien et lui dit :

— Je viens de voir le dieu dont tu m'as parlé : il s'est uni à moi ; ce fut divin, littéralement. C'est pourquoi je voudrais le rencontrer à nouveau, mais éveillée cette fois et en plein jour. A toi de t'en occuper ; je serais étonnée que tu ne saches comment faire.

— C'est vrai, rien ne m'est impossible, répondit Nectanébo. Et puisque tu avoues ton désir de t'unir à lui éveillée, je vais réfléchir à cette question. Rêver est une chose, voir de ses propres yeux, c'est autre chose. En fait, il faudrait que je reste dans une petite pièce près de ta chambre ; ainsi, quand le dieu s'approchera de toi, je te soutiendrai de mes incantations pour que tu n'aies pas peur. Car ce dieu se présentera à toi sous divers aspects. Il aura d'abord la forme d'un serpent qui rampera sur le sol en sifflant ; il prendra ensuite les traits d'Ammon, avec des cornes, puis ceux du vaillant Héraclès, puis encore ceux de Dionysos portant le thyrse[11] ; enfin, au moment de s'unir à toi, il t'apparaîtra avec des traits humains, les miens.

— Bien, prophète ! Installe-toi dans la pièce que tu veux. Quant à moi, quand j'aurai vu de mes yeux ce que tu me prédis et que je serai sûre d'avoir en moi la semence du dieu, je te rendrai des honneurs de reine et te glorifierai toi aussi comme père de l'enfant.

— Si je t'ai prévenue que le serpent allait siffler, c'est pour que tu n'aies pas peur du monstre ; sois douce avec lui, et ne crains rien.

Le lendemain, Olympias donna à Nectanébo une chambre à côté de la sienne. Celui-ci prépara une toison de bélier bien douce, avec les cornes sur les tempes, ainsi qu'un sceptre et un manteau blanc. Il captura ensuite un serpent qu'il relâcha après lui avoir ôté sa force et son venin : il le laissa ramper, puis, soudain, le fit disparaître. Il entra alors dans la chambre d'Olympias. A sa vue, elle ne s'effraya point car elle l'attendait ; elle renvoya chez elles toutes les personnes présentes, s'allongea sur son lit et se voila le visage. De ses yeux, elle le vit s'avancer, exactement comme elle l'avait vu en rêve. Nectanébo posa son sceptre en bois de palmier, monta sur le lit, attira Olympias à lui et s'unit à elle. Une fois relevé, il déclara en lui tapotant le ventre : « Demeure ici, semence invincible, indomptable ! » Puis il regagna sa propre chambre. Le même scénario se reproduisit par la suite, Olympias se plaisant à l'idée d'être prise par un serpent, par Ammon, par Héraclès et par le tout divin Dionysos.

Mais comme son ventre s'arrondissait, elle appela Nectanébo et lui dit : « Prophète, que ferai-je si Philippe revient et me trouve enceinte ? » Nectanébo lui répondit : « Ne t'inquiète pas, reine ; le dieu aux trois formes, Ammon, te viendra en aide : il inspirera un songe à Philippe, et celui-ci ne pourra rien te reprocher. » Ainsi Olympias se laissait-elle égarer, pensant tromper Philippe avec un dieu, alors qu'il s'agissait d'un homme — au reste roi d'Egypte.

Nectanébo, de son côté, se procura un faucon de mer sur lequel il procéda à quelques opérations magiques et inspira ainsi un songe à Philippe. Ce dernier vit donc un dieu de belle stature, avec des cheveux blancs et des cornes comme Ammon, s'unir à Olympias puis se relever de sa couche et lui dire : « Tu portes en ton sein un enfant de moi, qui vous vengera, toi et son père Philippe. » Philippe vit ensuite le dieu coudre le sexe d'Olympias avec de la fibre de papyrus du Nil, et le sceller d'un anneau d'or avec un chaton gravé d'une tête de lion, d'un soleil rayonnant et d'une petite lance. Puis il eut la sensation que le faucon de mer le réveillait avec ses nageoires. Après ce songe, Philippe se leva et fit venir un interprète auquel il exposa son rêve en détail. L'interprète lui dit : « Roi, tu l'as vu, Olympias est enceinte, même si c'est d'un dieu : le fait qu'on ait scellé son sexe est un signe certain de grossesse ; on ne scelle pas ce qui est vide, mais ce qui est plein. D'autre part, son sexe a été cousu avec de la fibre de papyrus : cela veut dire que la semence est égyptienne, car le papyrus ne pousse qu'en Egypte. Elle est d'ailleurs de peu modeste origine ; l'événement est brillant, glorieux, extraordinaire : l'anneau d'or en est la preuve. Car quoi de plus glorieux que l'or ? On en honore même les dieux ! Quant au motif gravé — le soleil, la tête de lion et la petite lance — en voici le sens : l'enfant conçu se rendra jusqu'au pays où se lève le soleil, tel un lion, soumettant les cités de sa lance. Enfin, le dieu aux cornes de bélier et aux cheveux blancs, c'est le dieu libyen Ammon : c'est lui qui a engendré l'enfant. » Ces déclarations de l'interprète affligèrent Philippe : il supportait mal l'idée qu'Olympias était enceinte, fût-ce d'un dieu.

Quand il eut gagné la guerre, Philippe revint en Macédoine. Lorsqu'il entra dans le palais, Olympias le salua timidement. Philippe, les yeux fixés sur elle, lui demanda : « A qui t'es-tu donnée, Olympias ? Mais je sais, tu n'es pas coupable : c'est un dieu qui t'a prise de force pour que tu aies un enfant de lui, que tu déclareras fils de Philippe. J'ai vu toute ton histoire en rêve, je ne te ferai donc pas de reproche ; car nous, les rois, tout puissants que nous sommes, nous ne pouvons rien contre les dieux. » Par ces paroles, il rasséréna Olympias.

Un jour, Nectanébo, qui vivait secrètement au palais, entendit Philippe dire à Olympias : « Femme, tu m'as trompé ; ce n'est pas d'un dieu que tu es enceinte, mais d'un homme. » Il profita donc d'un banquet pour se métamorphoser, grâce à ses pouvoirs magiques, en un serpent beaucoup plus grand que le premier ; il s'avança au milieu de la salle et émit un sifflement strident qui terrifia les convives. Mais Olympias, à la vue de son amant, s'assit sur le lit de table où elle était allongée et lui tendit sa main droite. Alors le serpent se dressa, posa sa tête dans la main d'Olympias et se lova contre son ventre ; lançant en avant sa langue fourchue, il se mit à lui donner des baisers, manifestant ainsi sa tendresse et son amour devant Philippe et les autres assistants. Puis, après cette démonstration, il disparut. Philippe déclara : « Ce serpent, je l'ai déjà vu quand je faisais la guerre à mes ennemis ; son sifflement les a tous mis en fuite. » Et, à partir de ce jour, il fut tout heureux à l'idée d'être considéré comme le père d'un enfant divin.

Quelques jours plus tard, Philippe était assis dans un parc proche du palais, où il faisait élever toutes sortes d'oiseaux qui picoraient çà et là ; pour se détendre, il lisait des ouvrages savants. Soudain, un jeune oiseau apprivoisé sauta sur lui et pondit sur son ventre un œuf, qui roula et se brisa par terre. Il en sortit un tout petit serpent, qui fit le tour de l'œuf puis voulut y entrer à nouveau, mais qui mourut avant d'y avoir mis la tête. Philippe, profondément troublé, fit appeler Antiphon, interprète renommé en ce temps-là, et lui exposa les faits. Celui-ci expliqua : « Tu auras un fils qui sera roi et qui fera le tour du monde ; il soumettra tous les hommes à son pouvoir, mais quand il voudra rentrer dans son pays, il mourra avant d'avoir vieilli. Le serpent est un animal royal, et l'œuf dont il est sorti, c'est le monde. Il a fait le tour de l'œuf et, quand il a voulu y entrer de nouveau, il est mort à l'extérieur avant d'avoir pu mettre la tête dans la patrie qui lui a donné le jour[12]. » Ayant ainsi expliqué le présage, l'interprète reçut sa récompense et se retira.

Lorsque vint le temps de la naissance, Olympias s'installa sur le siège et entra en travail. Nectanébo se tenait auprès d'elle et étudiait le cours des planètes dans le ciel par rapport au mouvement du cercle du zodiaque[13]. Il lui dit : « Lève-toi un moment de ton siège et fais quelques pas ; car le Scorpion se lève, et le Soleil dans tout son éclat, sur son char à quatre chevaux, voit se retirer devant lui la foule des animaux célestes : il précipite toujours du haut du ciel l'être qui naît à cette heure. Maîtrise-toi encore, noble femme, pour la planète que voici ; le Cancer se lève, et Cronos, qui a mutilé son père, est victime à son tour de ses propres enfants ; plein de terreur, il fuit devant ses fils, Poséidon le maître des mers, Pluton le dieu des enfers, et Zeus le roi du ciel ; il tourne en courant autour de son trône : à cette heure, tu mettrais au monde un être sans force. Encore un effort pour l'heure qui vient ; la Lune cornue, sur son char tiré par des taureaux, quitte les hauteurs et descend vers la terre pour aller embrasser Endymion, le jeune et beau berger : celui qui naît à ce moment meurt consumé par le feu. L'état du ciel dans l'heure qui suit n'est pas non plus propice à l'enfantement ; car la déesse de l'amour, Aphrodite, mère de l'archer Eros, va perdre Adonis blessé par un sanglier : l'enfant qui naît à cette heure, après avoir tenu le flambeau des femmes de Byblos, leur fera pleurer sa mort. Laisse également passer l'heure suivante, occupée par le dieu Arès, furieux et menaçant ; ce dieu aime les chevaux et la guerre, mais en fait Hélios l'a montré à tous, sans armes et nu, sur une couche nuptiale : c'est pourquoi l'homme qui naît à cette heure sera méprisé. Attends encore, reine, tandis qu'Hermès se trouve dans le signe du Capricorne au triste nom ; car tu donnerais le jour à un enfant paperassier, querelleur et chicanier : pour l'heure, tu enfanterais un monstre. Ah ! Maintenant, reine, installe-toi confortablement sur le siège, redouble d'efforts et mets ton enfant au monde ; car Zeus, l'amant des jeunes vierges, qui a fait naître de sa cuisse son fils Dionysos, trône sereinement au milieu du ciel ; Ammon le bélier se trouve dans le signe du Verseau et des Poissons : tu vas donner le jour à un Egyptien qui sera maître du monde. L'heure de la naissance est venue. »

Tandis qu'il prononçait ces mots, le nouveau-né tomba à terre ; il y eut un éclair, le tonnerre retentit, la terre trembla et le monde entier en fut ébranlé. Philippe alors déclara : « Je n'avais pas l'intention de faire élever cet enfant, femme, puisqu'il n'est pas de moi. Mais je vois qu'il a été engendré par un dieu et que le monde marque sa naissance de tous ces signes : qu'il vive donc et, en souvenir d'un enfant que j'ai eu de ma première femme et qui est mort, qu'on le nomme Alexandre. » L'enfant reçut alors les soins nécessaires et partout, à Pella, en Thrace et en Macédoine, on porta des couronnes de fête.

Il grandit donc, mais il ne ressemblait ni à Philippe ni à Olympias. Il avait en effet comme une crinière de lion ; ses yeux étaient différents, l'un clair, l'autre foncé ; il avait les dents pointues comme les chevilles d'une lyre, et il était impétueux comme un lion sauvage : son apparence physique disait clairement ce qu'il deviendrait[14].

Pendant sa petite enfance, il eut pour nourrice Laniké, la sœur de Cleitos le Noir ; Léonidas fut ensuite son pédagogue. Polynice de Pella lui enseigna les lettres, Alcippe de Lemnos la musique, Ménippe le Péloponésien la géométrie, Aristomène d'Athènes la rhétorique, Aristote de Milet la philosophie et Lampsaque d'Europe le maniement des armes.

Quand il fut un peu plus grand, tout en poursuivant son éducation intellectuelle, il s'exerça à régner, recevant peut-être les leçons d'un dieu. A la fin du cours, par exemple, il répartissait ses camarades de classe en deux groupes et les faisait se battre, restant seul à l'écart ; il se joignait ensuite aux plus faibles et combattait avec eux jusqu'à la victoire.

Un jour, les gouverneurs de Cappadoce vinrent offrir à Philippe un poulain de leurs élevages ; d'une taille étonnante, il était étroitement ligoté car, à ce qu'ils dirent, il se nourrissait de chair humaine. Philippe le regarda et le trouva beau. « Le proverbe a raison, dit-il : "Tout près du bien croît le mal." Mais puisque vous avez pris la peine de l'amener jusqu'ici, ôtez-lui son mors, jetez-le dans une cage de fer et enfermez-le. Nous lui livrerons les condamnés arrêtés pour vol ou pour meurtre. » Ce qui fut fait aussitôt.

Alexandre grandissait. A douze ans, il accompagnait son père dans les manœuvres ; il portait lui-même les armes, et participait avec les troupes aux marches et aux charges de cavalerie. Voyant cela, Philippe lui dit : « Mon enfant, j'aime ta façon d'être mais je déteste tes traits : physiquement, tu ne me ressembles pas du tout, mais nous avons le même tempérament. »

Un jour que Philippe était absent, Olympias appela Nectanébo et lui dit : « Essaie de voir quels sont les projets de Philippe à mon égard. » Nectanébo étala sa table astrologique devant lui, y plaça les astres et se mit à examiner la situation. Alexandre, assis à côté de lui, lui demanda :

— Père, ces astres dont tu parles, sont-ils visibles dans le ciel ?

— Bien sûr, mon enfant.

— Est-ce que je peux les voir ?

— Oui.

— Quand ?

— Ce soir.

Le soir venu, Nectanébo emmena Alexandre avec lui — et ce prophète que son art avait rendu si puissant, cet expert en astrologie capable de prévoir l'avenir, comment, tombant entre les mains d'Alexandre, ne devina-t-il pas le malheur qui le menaçait ? Nectanébo conduisit donc Alexandre à l'extérieur de la ville. Les yeux levés vers le ciel, il lui montrait les astres et lui expliquait son art quand, soudain, Alexandre le prit sur ses épaules et le fit basculer dans un ravin escarpé. Dans sa chute, Nectanébo se blessa grièvement à la tête.

— Alexandre, mon enfant, pourquoi as-tu fait cela ? demanda-t-il.

— Ne t'en prends qu'à toi-même, astrologue !

— Et pourquoi ?

— Parce que, sans savoir ce qui se passe sur la terre, tu cherches à savoir ce qui se passe au ciel[15] !

— Je meurs, Alexandre : je suis grièvement blessé. Ainsi, aucun mortel ne peut échapper à son destin. En cherchant à savoir ce qui m'était réservé, j'ai découvert que je devais être tué par mon propre fils. Je n'ai donc pas échappé à mon sort : tu m'as tué.

— Je suis donc ton fils ?

— Oui, mon enfant.

— Et comment cela ?

Alors Nectanébo raconta sa fuite hors d'Egypte et son arrivée chez Olympias ; et comment il s'était introduit auprès d'elle en se faisant passer pour le dieu Ammon et s'était uni à elle. Puis il rendit l'âme.

Alexandre, ayant compris que le mort était son père, eut scrupule à l'abandonner au fond du ravin où il deviendrait la proie des bêtes sauvages ; car la nuit était sombre et solitaire. Pris de compassion, il dit en se tournant vers lui : « Tu as eu tort, père : ce que tu viens de me dire, tu aurais dû nous en faire part de ton vivant ; nous t'aurions alors reconnu comme père et traité avec le respect que nous te devions. En gardant le secret jusqu'à ta mort, tu t'es payé toi-même le salaire que tu méritais : tu t'es conduit en imposteur, en charlatan, tu as trompé Philippe et Olympias. Je suis désolé, père, de ce qui vient d'arriver par moi, mais je suis innocent : tu es seul responsable de ta mort. Je vais charger ton corps sur mes épaules et le porter à ma mère ; je lui raconterai ce qui s'est passé et lui recommanderai de te donner une sépulture. »

Alexandre l'installa alors respectueusement sur ses épaules et le rapporta au palais. Il alla trouver sa mère, lui raconta tout ce que Nectanébo lui avait dit, et demanda pour lui une sépulture. Olympias comprit avec stupeur qu'elle s'était laissé égarer par des pratiques magiques et qu'elle avait été trompée sans s'en apercevoir. Elle rendit à Nectanébo les honneurs funèbres qui lui étaient dus, lui fit préparer un tombeau et l'y déposa.

Philippe, de retour chez lui, envoya consulter l'oracle à Delphes pour savoir qui serait roi après lui et soumettrait tous les hommes au pouvoir de sa lance. Il obtint cette réponse : « Celui qui traversera Pella monté sur le cheval Bucéphale. » Le cheval s'appelait Bucéphale parce qu'il avait à la cuisse une marque qui ressemblait à une tête de bœuf. Ainsi averti, Philippe s'attendait à voir un nouvel Héraclès[16].

Alexandre n'eut qu'un maître de philosophie, Aristote de Milet[17]. Beaucoup d'enfants assistaient à ses leçons, parmi lesquels des fils de rois. Un jour, Aristote les interrogea un à un :

— Si tu hérites du royaume de ton père, quelle part feras-tu à ton professeur ?

— Tu vivras avec moi, tu seras maître du monde ; je ferai de toi un homme universellement connu.

— Et toi, petit, si tu hérites du royaume de ton père, que deviendrai-je ?

— Je te ferai gouverneur, tu me conseilleras sur les affaires que j'aurai à juger.

Ainsi, l'un après l'autre, il les interrogeait et recueillait leurs promesses. Vint le tour d'Alexandre :

— Et toi, petit, si tu hérites du royaume de ton père, que deviendra ton professeur ?

— Tu m'interroges sur mon avenir, répondit Alexandre, sans être sûr de ce qui adviendra demain ? Je te récompenserai, si bon me semble, quand le moment sera venu de tenir ma promesse.

— Salut, maître du monde, conclut alors Aristote. C'est toi le plus grand roi !

Alexandre était chéri de tous pour son intelligence et sa combativité. Seul, Philippe avait pour lui des sentiments mélangés : il se réjouissait de le voir si passionné pour la guerre, mais il souffrait de ce qu'il ne lui ressemblait pas.

Alexandre eut quatorze ans. Un jour qu'il passait par hasard près de l'endroit où était enfermé Bucéphale, il entendit un hennissement terrifiant. Se tournant vers ses camarades : « Mes amis, leur demanda-t-il, est-ce là le hennissement d'un cheval ou le rugissement d'un lion ? » Ptolémée[18] — celui qu'on devait plus tard appeler Ptolémée Sôter — se trouvait avec lui et répondit : « C'est Bucéphale, le cheval que ton père a fait enfermer parce qu'il mange de la chair humaine. » Or voici qu'au son de la voix d'Alexandre le cheval hennit de nouveau — non plus cette fois de façon effrayante ou sinistre, mais tout doucement : peut-être était-il inspiré par un dieu. Et quand il vit Alexandre, Bucéphale tendit vers lui ses jambes de devant et se mit à remuer tout son corps, comme s'il voulait supplier son maître. Alexandre — qui avait noté combien l'attitude du cheval était changée, et qui éprouvait par ailleurs, en tant qu'homme, une profonde pitié à voir les restes des humains qui avaient été dévorés vivants — écarta soudain les gardiens et ouvrit la cage avec assurance : il saisit le cheval par la crinière, le maîtrisa et le monta sans bride à travers la ville. Quelqu'un courut aussitôt annoncer la nouvelle à Philippe. Celui-ci se souvint de l'oracle; il alla au-devant de son fils, l'embrassa et lui dit : « Alexandre, maître du monde, je te salue ! »

Philippe était donc heureux, plein d'espoir pour l'avenir de son fils, et il vivait dans la joie. Alexandre avait quinze ans. Un jour, trouvant son père de particulièrement bonne humeur, il lui donna un baiser et lui demanda :

— Père, je t'en prie, permets-moi d'aller à Pise.

— Tu veux donc assister aux jeux Olympiques ?

— Non, père, je veux y participer moi-même.

— Mais dans quelle discipline t'es-tu donc entraîné pour souhaiter concourir ? Je sais qu'en tant que fils de roi tu participes surtout à des exercices militaires : mais tu n'es formé ni à la lutte, ni au pancrace, ni à aucun autre exercice !

— Je veux participer à la course de chars, père.

— Mon enfant, les chevaux de mes écuries sont à ta

disposition ; tu les emmèneras avec toi dès que tu le voudras. Mais réfléchis bien, car c'est l'épreuve la plus réputée.

— Permets-moi seulement d'y aller. J'ai en effet des chevaux à moi, que je dresse depuis leur jeune âge.
Philippe lui donna un baiser et, admirant son ardeur, il lui dit : « Mon enfant, si tu le veux, vas-y[19]. »

Alexandre se rendit au port. Il fit mettre à flot un vaisseau neuf et embarquer ses chevaux et son char. Puis il monta lui-même à bord avec son ami Héphaïstion et, après une traversée facile, il arriva à Pise. Là, il descendit à terre et, après les salutations d'usage, il ordonna à ses serviteurs de s'occuper des chevaux et partit se promener avec Héphaïstion. Or voici que vint à leur rencontre un certain Nicolaos, homme d'âge mûr, roi d'Acarnanie, que la richesse et la chance — ces deux déesses inconstantes — gonflaient d'arrogance, et qui avait grande confiance en sa force physique. Il s'avança, salua Alexandre et, curieux de savoir pourquoi il se trouvait là, il l'interpella :

— Bonjour, jeune homme.

— Bonjour à toi, qui que tu sois.

— Sais-tu à qui tu parles ? Je suis Nicolaos, le roi d'Acarnanie.

— Ne fais pas tant le fier, roi Nicolaos, comme si tu étais sûr d'être encore en vie demain ! La chance ne s'arrête pas toujours au même endroit : que la balance penche de l'autre côté, et voilà les fanfarons décapités !

— C'est vrai. Mais toi, que fais-tu ici ? J'ai entendu dire que tu étais le fils de Philippe de Macédoine.

— Je suis ici pour participer aux Jeux : non pas à la course à cheval, car je suis encore trop jeune, ni à l'attelage à deux chevaux ou autre chose du même genre...

— Quoi alors ?

— Je veux participer à la course de chars.

A ces mots, Nicolaos se mit à bouillonner de rage. Plein de mépris pour le jeune âge d'Alexandre — car il ignorait combien son cœur était vaillant — il lui cracha au visage en disant : « Puisse-t-il t'arriver malheur ! »

Alexandre, qui avait appris à se maîtriser, essuya le crachat de l'insolent et lui répondit, avec un sourire assassin : « Nicolaos, je le jure par la sainte semence de mon père et par le ventre sacré de ma mère : je te vaincrai ici-même, dans la course de chars, et là-bas, dans ton Acarnanie, je te prendrai à la pointe de ma lance ! » Sur ces mots, ils se séparèrent, ulcérés l'un et l'autre au plus profond du cœur.

Peu après vint le jour de la compétition. Neuf concurrents se trouvaient en piste, parmi lesquels quatre fils de rois : Nicolaos lui-même, Xanthias de Béotie, Cimon de Corinthe et Alexandre ; les autres étaient fils de stratèges ou de satrapes[20]. On apporta l'urne pour procéder au tirage au sort et voici l'ordre qui sortit : premier, Nicolaos, deuxième, Xanthias, troisième, Cimon, quatrième, Clitomaque d'Achaïe, cinquième, Aristippe d'Olynthe, sixième, Piéros de Phocée, septième, Lacon de Lindos, huitième, Alexandre de Macédoine, neuvième, Nicomaque de Locride. Les concurrents, montés sur leur char, se placèrent sur la ligne de départ. La trompette sonna le signal, on ouvrit les stalles et tous bondirent en avant d'un vif élan. Ils tournèrent autour de la borne une, deux, trois, quatre fois. Certains prenaient du retard, leurs chevaux épuisés perdant courage. Alexandre se trouvait en quatrième position et, derrière lui, Nicolaos, à qui il importait moins de remporter la victoire que de tuer Alexandre, car son propre père avait été tué à la guerre par Philippe. Alexandre, qui avait l'esprit fin, l'avait deviné et, comme les chars qui le précédaient s'étaient renversés, il laissa Nicolaos le rattraper. Nicolaos, qui croyait déjà Alexandre vainqueur, se mit alors à espérer la couronne pour lui-même et le devança. Mais après deux ou trois longueurs, le cheval de droite de Nicolaos trébucha, et le char se renversa, entraînant le cocher. Les chevaux d'Alexandre, en plein élan, lui passèrent dessus, et Nicolaos fut tué sur le coup. Alexandre, couronné d'olivier, monta au sanctuaire de Zeus Olympien. Le gardien du temple lui dit : « Alexandre, de même que tu as vaincu Nicolaos, tu vaincras une multitude d'ennemis[21]. »

Après cette prédiction, Alexandre s'en retourna à Pella. Sa mère Olympias y avait été répudiée par Philippe qui s'apprêtait à épouser la sœur d'Attale, Cléopâtre[22]. Le jour du mariage, Alexandre entra dans la salle avec sa couronne olympique, s'installa sur un lit de table et dit : « Père, reçois cette couronne, prix de mes premiers combats. Et quand moi je donnerai un époux à ma mère, je t'inviterai à ses noces. » Ces paroles irritèrent Philippe. Un bouffon nommé Lysias lui dit : « Philippe, ne te laisse ni troubler ni irriter : réjouis-toi de la jeunesse de ta nouvelle épouse, dont tu auras des enfants légitimes qui te ressembleront, non des bâtards. » Lorsqu'il entendit cela, Alexandre, fou de rage, lança sur Lysias une coupe qu'il tenait à la main et le tua sur le coup. Philippe se redressa, brandissant son épée, et voulut se jeter sur son fils pour le tuer, mais il trébucha contre son lit et tomba. Alexandre dit alors : « Philippe, qui brûle de conquérir l'Asie et de dévaster l'Europe, n'est même pas capable de quitter sa place ! » Sur ces mots, il lui arracha son épée et fit un carnage parmi les convives. Puis il sortit de chez Philippe et se rendit auprès de sa mère, dont il avait vengé l'honneur.

Quelques jours plus tard, Alexandre alla trouver son père et lui dit : « Philippe — je t'appelle par ton nom pour ne pas t'importuner en t'appelant père — je viens te voir non comme ton fils mais comme un ami, pour servir de médiateur ; car tu t'es montré injuste à l'égard d'Olympias qui ne t'avait rien fait. Reconnais donc que j'ai eu raison de tuer Lysias, et que toi, tu as eu tort de lever le bras contre ton fils Alexandre, de prendre une seconde épouse sans avoir subi le moindre tort de la première, et de croire que tout était bien ainsi. Allons, ressaisis-toi et réfléchis ; je sais bien pourquoi tu es abattu — non pas physiquement, certes, mais moralement : tu es tourmenté par tes fautes. Pour ma part, je vais exhorter Olympias à se réconcilier avec toi ; elle se laissera convaincre : je suis son fils, même si toi, tu ne veux pas que je t'appelle mon père. » Après l'admonestation et les reproches de son fils, Philippe resta bien plus accablé encore qu'auparavant; tout bien pesé, jugeant plus prudent de se taire, il ne répondit pas aux paroles d'Alexandre.

Alexandre quitta Philippe, se rendit chez sa mère et lui dit : « Ne sois pas fâchée contre Philippe; si lui ignore ta faute, je dois du moins pour toi en être la preuve. Fais donc le premier pas, car il est normal que la femme soit soumise à son époux. » Il redonna ainsi courage à sa mère et l'entraîna auprès de Philippe : « Père, dit-il, — et maintenant je vais t'appeler père, puisque tu as écouté ton enfant — voici ma mère que j'ai longuement exhortée à oublier les fautes passées. Embrassez-vous devant moi, sans honte, car je suis votre enfant. » C'est ainsi qu'Alexandre réconcilia ses parents, ce qui lui valut l'admiration de tous les Macédoniens.

Une ville du royaume de Philippe, nommée Méthone, avait fait sécession[23]. Philippe envoya Alexandre y faire la guerre. Mais Alexandre parla aux habitants et les persuada de se soumettre sans avoir recours à la force des armes. De leur plein gré, ceux-ci lui remirent un tribut de trois talents[24] et lui donnèrent deux mille soldats. Alexandre s'en retourna et se présenta chez son père. Il trouva là, debout devant lui, des hommes vêtus de costumes barbares[25].

— Qui sont ces hommes? demanda-t-il.

— Nous sommes des satrapes de Darius.

— Pourquoi sont-ils ici?

— Nous venons réclamer à ton père le tribut coutumier.

— Et au nom de qui réclament-ils ce tribut?

— Votre terre le doit à Darius.

— Les dieux ont fait don de ces biens aux hommes pour leur subsistance : pourquoi vient-il mendier ce que les dieux nous ont donné? Cela n'est pas juste!

Puis, s'adressant aux Barbares :

— Quittez ces lieux et allez dire à Darius : « Quand Philippe était seul, il te payait un tribut; mais maintenant qu'il a un fils, Alexandre, il ne le verse plus; au contraire, tout ce que tu as reçu de lui, Alexandre viendra te le reprendre chez toi, et c'est toi qui lui paieras un tribut. » Sur ces mots, il congédia les ambassadeurs, sans même daigner répondre par écrit au roi qui les avait envoyés.

Philippe se réjouit de voir Alexandre réagir ainsi. Comme une autre cité donnait des signes d'insoumission, il envoya son fils y faire la guerre. Alexandre se rendit sur place, parla aux habitants : il les persuada de renoncer à la force des armes et de se soumettre. Puis, ayant reçu d'eux un tribut, il s'en retourna.

Un certain Pausanias, originaire de Thessalonique, homme puissant et riche et qui disposait d'une nombreuse et puissante armée, tomba amoureux d'Olympias : il lui envoya des délégués chargés de la convaincre d'abandonner Philippe pour l'épouser. Mais Olympias refusa. Pausanias alors projeta un coup et s'informa des absences d'Alexandre. Or il advint qu'Alexandre partit en guerre contre quelques villes, tandis qu'avaient lieu des concours de théâtre. Apprenant qu'Alexandre était absent et que Philippe assistait aux spectacles, Pausanias s'approcha de lui, un poignard à la main, et l'en frappa ; il l'atteignit au côté, sans cependant le tuer sur le coup. Grande confusion dans la cité. Philippe vivait encore que Pausanias courait déjà au palais pour enlever Olympias. Quand il y entra, Philippe était à l'agonie, très éprouvé par la douleur que lui causait sa blessure ; mais ce qui le faisait aussi gémir et se lamenter, c'était l'idée que, de son vivant, sa femme puisse être contrainte par la force de se donner à un autre homme. Il désirait en outre revoir Alexandre, depuis longtemps absent, et dont il se rappelait l'intelligence et la bravoure : « En présence d'Alexandre, disait-il à ceux qui l'entouraient, personne n'aurait osé s'en prendre à son père ou à sa mère ; et si quelque ennemi de basse naissance avait malgré tout tenté quoi que ce soit contre eux, c'en était fait de lui ! Aujourd'hui, accablé de douleur et de peine, je touche au terme de ma vie. Mais écoutez bien : quand mon fils Alexandre sera de retour, dites-lui que son père Philippe demande vengeance à son bras vigoureux, pour sa propre mort et pour l'enlèvement de sa mère Olympias[26]. »

Le même jour, Alexandre rentrait, vainqueur. Surpris par le grand trouble qui régnait, il demanda des explications. Il apprit alors ce qui s'était passé, et que Pausanias était à l'intérieur du palais. Il entra avec ses compagnons d'armes et découvrit Pausanias qui tenait Olympias à bras-le-corps. Saisissant son javelot, il voulut le lancer sur lui, mais il craignit de tuer en même temps Olympias. Ayant donc appris que son père était encore en vie, il lui amena Pausanias et lui dit : « Me voici, père, j'ai donné à tes ennemis ce qu'ils méritaient ; vis, roi, ton nom est immortel. Vois ton ennemi Pausanias enchaîné devant toi, tout tremblant. » Philippe tourna les yeux vers lui et, incapable de parler tant l'hémorragie l'avait affaibli, il le prit dans ses bras et lui donna un baiser. Puis il lui fit comprendre qu'il voulait une épée. Alexandre lui en donna une, avec laquelle il frappa lui-même Pausanias : d'un coup bien placé, il le tua sur-le-champ. Ayant ainsi envoyé son ennemi à la mort avant lui, Philippe reprit quelques forces, réconforté par la présence d'Alexandre et ce prompt châtiment : « Mon enfant, dit-il, Alexandre, c'est à toi qu'il échoit d'être maître du monde. Souviens-toi de ton père Philippe et ne refuse pas de m'appeler ton père. Pour moi, mon destin est accompli. » Sur ces mots, il rendit l'âme. Alexandre prononça sur lui les lamentations funèbres : « Père, roi des rois, Philippe, personne de ton vivant n'a pu se réjouir de t'avoir outragé. Ton bras, bien que mal assuré, n'a pourtant pas manqué Pausanias. Comment le maître du monde a-t-il été blessé à mort ? Le Cyclope Pausanias[27] t'a envoyé trop tôt chez les dieux, et la justice lui a payé aussitôt le salaire qui lui était dû. » Après ce thrène, Alexandre fit préparer un somptueux tombeau où il fit déposer le corps de Philippe ; puis, sur le tombeau, il fit élever un temple[28]. Olympias déplorait son malheur, les Macédoniens étaient troublés, mais la seule présence d'Alexandre les rassurait.

Quelques jours plus tard, une fois le calme revenu,

Alexandre monta d'un bond sur la statue de son père et cria d'une voix forte : « Vous, fils de Pella, Amphictyons[29], Thessaliens, Lacédémoniens et autres peuples de la Grèce, venez à moi, Alexandre, et accordez-moi votre confiance : partons en expédition contre les Barbares. » Puis il fit publier dans chaque cité cette ordonnance, et les jeunes gens volontaires se rendirent de leur plein gré en Macédoine, comme s'ils avaient été convoqués par une voix divine. Alexandre ouvrit le magasin d'armes de son père et distribua leur panoplie aux jeunes gens. Il fit appel également aux compagnons d'armes de Philippe, qui étaient déjà âgés et qui lui dirent : « Nous avons vieilli en faisant campagne aux côtés de ton père, nos corps ont perdu leur vigueur. Aussi te demandons-nous de nous dispenser de servir sous tes ordres. » Alexandre leur répondit : « Je tiens d'autant plus à vous enrôler que vous êtes âgés : les vieux soldats sont beaucoup plus efficaces que les jeunes. Ceux-ci, trop souvent, se fient à leur force physique et se laissent entraîner sans réfléchir dans des situations difficiles, s'exposant aux pires dangers. Les hommes plus âgés, au contraire, réfléchissent avant de s'engager et ils réussissent ainsi à éviter le danger. Prenez donc part à notre expédition : vous n'irez pas au front vous battre contre les ennemis, mais vous encouragerez les jeunes à combattre noblement. Chacun ainsi aidera l'autre. Que votre raison soit notre renfort. Vous savez que votre salut aussi dépend de la victoire de notre patrie : si les jeunes sont vaincus, les ennemis attaqueront ensuite ceux qui ne combattent pas ; tandis que s'ils sont vainqueurs, le mérite de leur victoire reviendra à ceux qui les auront conseillés. » C'est ainsi qu'Alexandre persuada les vétérans de se joindre à lui.

Il rassembla donc tous les soldats de Philippe et les compta. Cela faisait dans l'infanterie soixante-douze mille Macédoniens, plus les alliés, et dans la cavalerie deux mille Macédoniens, plus huit cents Thraces, Paphlagoniens et Scythes qui servaient comme troupes d'avant-garde. En y ajoutant ceux qu'il venait d'enrôler, il obtint soixante-dix-sept mille fantassins et quatre mille six cents cavaliers. Il les équipa avec le matériel des soldats de son père et préleva sur les trésors de Macédoine soixante-dix talents d'or monnayé. Il fit construire des trières ainsi que de légers bateaux liburnes[30] et, traversant le fleuve Thermodon, il fit route vers le nord et passa de Macédoine en Thrace, région qui avait été soumise par l'armée de son père Philippe. Là, il leva cinq mille soldats d'élite et se fit donner cinq cents talents d'argent, puis il se rendit en Lycaonie. Il offrit un sacrifice en compagnie des stratèges qui se trouvaient là, puis il fit la traversée jusqu'en Sicile, où il soumit quelques rebelles avant de continuer vers l'Italie[31].

Les stratèges de Rome lui envoyèrent, par les soins du stratège Marc Emile, la couronne ornée de perles de Jupiter Capitolin, avec le message suivant : « Chaque année, Alexandre, nous te ferons présent d'une couronne d'or d'un poids de cent livres[32]. » Alexandre accepta cet hommage et promit de les rendre puissants. Les Romains donnèrent aussi mille soldats et quatre cents talents, disant qu'ils auraient donné plus de soldats s'ils n'avaient pas été en guerre contre les Carthaginois[33].

De là, Alexandre embarqua de nouveau, traversa la Méditerranée et passa en Afrique. Les stratèges africains vinrent à sa rencontre et le supplièrent de chasser les Romains de chez eux. Mais lui, qui connaissait leur mollesse, leur dit : « Soyez vous-mêmes les plus forts ou payez un tribut à ceux qui sont plus forts que vous ! »

Puis il se remit en route avec quelques soldats, parcourut toute la Libye et parvint au sanctuaire d'Ammon[34]. Il avait fait embarquer la plupart des soldats sur des bateaux, leur ordonnant de naviguer vers l'île de Pharos et de l'y attendre. Il se prosterna devant Ammon, lui offrit un sacrifice et, se souvenant que sa mère lui avait dit qu'il était né d'Ammon, il lui adressa cette prière : « Père, si ma mère dit vrai, si je suis vraiment né de toi, fais-le-moi savoir par un oracle. » Il passa le reste de la journée dans l'exaltation, puis, quand il fut couché, il vit en songe Ammon et Olympias enlacés. Il se leva alors, et reconnaissant là une intervention du dieu, il fit restaurer le sanctuaire et y grava de sa main cette inscription : « A son père le dieu Ammon, Alexandre. » Il voulut ensuite demander au dieu où fonder une ville qui conserverait éternellement la mémoire de son nom. Le dieu lui apparut en songe et lui dit :

« O Roi, voici ce que je te déclare,
moi, Phébus aux cornes de bélier :
Si tu veux ne jamais vieillir, jouir d'une jeunesse
[éternelle,
fonde la ville qui te rendra célèbre au-dessus de l'île
[de Protée;
sur elle veille l'Eternel, Aiôn le Plutonien :
il règne aussi sur les sommets de cinq collines,
contemplant le monde infini[35]. »

Après cet oracle, Alexandre cherchait à savoir où se trouvait l'île de Protée et qui était le dieu qui veillait sur elle. Il offrit à nouveau un sacrifice à son père Ammon avant de reprendre la route.

Dans une bourgade de Libye, il fit reposer ses troupes. Au cours d'une promenade, il vit une biche de très grande taille qui paissait dans les asphodèles. Il appela un archer et lui donna l'ordre de tuer l'animal. Mais l'homme fut trop lent à tendre son arc et à lancer sa flèche, et il manqua la bête. Alexandre alors s'exclama : « Tu l'as manquée ! » Depuis, l'endroit se nomme Paratonion, à cause de l'exclamation d'Alexandre.

Il se rendit ensuite à Taphosiris, où il apprit des habitants que leur sanctuaire était le tombeau d'Osiris[36]. Il offrit un sacrifice au dieu et se remit en route aussitôt.

Il parvint alors sur notre sol. Il découvrit là un territoire immense s'étendant à l'infini, sur lequel on comptait seize bourgades : c'étaient Steirampheis, Phanenti et Eudèmos, Akamès, Eupyros, Rhakotis, Hégiôsa, Hyponès, Krambeitai, Krapatheis et Luidias,

Pasès, Térésis, Néphélé, Ménuia et Pélasos. On remarquait particulièrement Rhakotis qui, de fait, était le chef-lieu[37].

Ces seize bourgades comprenaient douze canaux qui se déversaient dans la mer ; leurs lits furent obstrués et le sont restés jusqu'à ce jour : les canaux furent comblés et devinrent les rues et les places de la cité. Deux seulement ont subsisté, qui se jettent encore dans la mer. Les autres ont donné leur nom à des quartiers de la ville. Il y avait[38] le canal de Rhakotis, qui est maintenant l'avenue du grand dieu Sarapis ; ensuite, le canal de la place de l'Agora ; puis un très grand canal nommé Xyléros, qui est maintenant l'Aspendia ; ensuite, un canal là où se trouve le temple de la Fortune ; puis un très grand canal, le Kopronikos ; puis un grand canal, le Néphérôtès, là où sont aujourd'hui affichés les édits, et où se trouve aussi le temple d'Isis Néphérôn, le premier fondé à Alexandrie ; puis le plus grand de tous les canaux, qui se nommait Argéos, là où se trouve l'Argéion ; ensuite, le canal d'Aréios, là où se dresse la colonne d'Aréios ; puis un canal qui se jetait dans la branche Canopique, près du cap Zéphyrion ; enfin, le très grand canal de la bouche d'Héraclès, qui dessinait les contours de la ville, de l'endroit qu'on nomme Pandysis jusqu'à la bouche d'Héraclès pour la longueur, et, pour la largeur, du Mendésion jusqu'à la Petite Hermoupolis ; le vrai nom n'est d'ailleurs pas Hermoupolis mais Hormoupolis, car tous les voyageurs, qu'ils sortent d'Egypte ou qu'ils y entrent, y font escale[39] ; c'est aussi à partir de cette ville que commence la Province d'Alexandrie.

Cléomène de Naucratis et Dinocrate de Rhodes conseillèrent à Alexandre de ne pas fonder une ville trop grande puisqu'il n'avait pas beaucoup d'hommes pour la peupler[40]. Et au cas où elle serait pleinement occupée, les marchands ne pourraient pas l'approvisionner suffisamment en nourriture ; les habitants d'une cité trop grande et manquant de vivres seraient alors fatalement entraînés à la guerre. Dans les petites villes, en effet, les gens s'entraident facilement quand cela est nécessaire. Mais quand la population est trop nombreuse — ce qui serait le cas si la ville était grande — les habitants s'ignorent les uns les autres. Abandonnant la décision à ses architectes, Alexandre les laissa choisir eux-mêmes les dimensions de la ville. Ils en tracèrent le plan, allant en longueur du Dracon, qui se trouve près de la langue de terre de Taphosiris, jusqu'au canal du Bon Génie, près de Canope, et en largeur du Mendésion jusqu'aux bourgs d'Eurylochos et de Mélanthios. Alexandre ordonna aux habitants des bourgades de déménager et de s'installer à trente milles de la cité : il leur fit don d'un territoire et les déclara Alexandrins. A cette époque, les chefs des bourgades se nommaient Eurylochos et Mélanthios : leurs noms sont restés.

Alexandre consulta également d'autres architectes, parmi lesquels Cratère d'Olynthe et un nommé Héron, d'origine libyenne, qui avait un frère appelé Hyponomos. Ce dernier conseilla à Alexandre d'installer des canalisations se déversant dans la mer avant de creuser les fondations de la ville. Alexandre, convaincu, ordonna qu'il en soit ainsi. Aucune cité ne connaissait ce système; les canalisations se nomment « hyponomes », du nom de leur inventeur libyen Hyponomos[41].

En fait, il n'existe aucune ville plus grande qu'Alexandrie : toutes ont été décrites et mesurées. La plus grande ville de Syrie, Antioche, mesure huit stades et soixante-douze pieds[42] ; en Afrique, Carthage, seize stades et quatre-vingt-douze pieds; chez les Barbares, Babylone compte dix stades et deux cent huit pieds; Rome fait quatorze stades et vingt pieds; Alexandrie, elle, seize stades et trois cent quatre-vingt-quinze pieds.

Parvenu sur notre sol, Alexandre y trouva donc un réseau de cours d'eau, de canaux et de bourgades. Regardant de la terre vers la mer, il remarqua une île et demanda son nom. Les indigènes lui répondirent : « C'est Pharos, l'île où vécut Protée; son tombeau, que nous vénérons, se trouve près de chez nous au sommet d'une colline. » Ils le conduisirent vers ce qui s'appelle maintenant l'Hérôon et lui montrèrent la tombe[43]. Alexandre offrit un sacrifice au héros Protée et, voyant que le tombeau avait été détruit par le temps, il le fit aussitôt restaurer.

Il fit ensuite tracer sur le sol l'enceinte de la ville. Pour cela, on utilisa de la farine ; mais on vit alors toutes sortes d'oiseaux s'abattre sur cette farine et la picorer avant de reprendre leur vol. Alexandre, contrarié, appela les devins et leur conta ce qui s'était passé. Et eux conclurent : « La cité que tu fondes nourrira le monde entier et, partout, on trouvera des hommes qui en seront originaires ; car les oiseaux se sont envolés dans le monde entier[44]. »

On commença donc la construction d'Alexandrie en partant de la plaine du Centre, lieu qui fut surnommé l'Arché, puisque c'était de là qu'était partie la construction[45]. Mais un serpent apparaissait sans cesse aux ouvriers et les effrayait, ce qui les forçait à interrompre les travaux : ils rapportèrent cela à Alexandre, qui leur ordonna de tuer l'animal le lendemain, là où ils le trouveraient. Ainsi fut fait : quand le serpent se montra, à l'endroit maintenant appelé Stoa, les ouvriers le maîtrisèrent et le tuèrent. Alexandre, à cette place, lui consacra un enclos où il le fit enterrer. Il y fit déposer des couronnes pour commémorer l'apparition de ce Bon Génie[46].

Il ordonna aussi que toute la terre provenant des fossés creusés pour les fondations soit entassée en un même lieu, et l'on peut voir aujourd'hui encore ce grand monticule appelé Kopria.

Lorsque les fondations de la majeure partie de la ville furent terminées, Alexandre fit dessiner les plans de cinq quartiers qu'il désigna chacun d'une lettre, Α, Β, Γ, Δ, Ε : Α pour Alexandre, Β pour « basileus », le roi, Γ et Δ pour « génos Dios », descendant de Zeus, Ε pour « éctisé », a fondé — une ville éternelle[47].

Des bêtes de somme et des mules étaient employées aux travaux. Lors de la construction du portail de son hérôon[48], Alexandre fit soulever la pierre qu'on devait déposer sur les chapiteaux : de dessous surgirent alors une foule de serpents qui se mirent à ramper et pénétrèrent dans les maisons déjà construites. C'est un 25 du mois de Tybi[49] qu'Alexandre, dès son arrivée, fit entreprendre les travaux de construction pour la ville et pour ce hérôon précisément, et c'est de là que date la vénération des portiers pour ces serpents, bons génies entrant dans les maisons : de fait, ils ne sont pas venimeux et éloignent au contraire ceux qui, paraît-il, le sont. Le héros, lui, reçoit des sacrifices, il est considéré comme né d'un serpent. Les bêtes de somme sont couronnées et on leur accorde du repos, en mémoire de l'aide qu'elles ont apportée en transportant des charges pour la construction de la ville. Alexandre fit aussi distribuer du blé aux gardiens des maisons. Quand ceux-ci l'eurent reçu, ils en firent de la farine et préparèrent une bouillie dont il donnèrent la moitié aux habitants pour un repas de fête. Aujourd'hui encore, les Alexandrins observent cette coutume. Le jour du 25 Tybi, donc, on couronne les bêtes de somme, on accomplit des sacrifices en l'honneur des bons génies qui veillent sur les maisons et l'on distribue de la bouillie.

Alexandre repéra les sommets des cinq collines, où se trouvaient une chapelle encore debout, les colonnes d'Hélion et l'Hérôon[50]. Il cherchait aussi le Sarapéion, obéissant à l'oracle que lui avait rendu Ammon, le plus puissant de tous les dieux :

« O Roi, voici ce que te déclare
Phébus aux cornes de bélier :
Si tu veux ne jamais vieillir, jouir d'une jeunesse
[éternelle,
fonde la ville qui te rendra célèbre au-dessus de l'île
[de Protée ;
sur elle veille l'Eternel, Aiôn le Plutonien :
il règne aussi sur les sommets de cinq collines,
contemplant le monde infini. »

Cherchant donc le dieu qui voit tout, il fit élever, face au sanctuaire, un très grand autel qu'on appelle aujourd'hui l'autel d'Alexandre ; il offrit un sacrifice somptueux et prononça cette prière : « Qui que tu sois, toi le dieu qui gouverne cette terre et dont le regard embrasse le monde infini, accepte mes offrandes et sois mon allié dans les guerres à venir. » Puis il déposa les victimes sacrifiées sur l'autel. Mais, soudain, un grand aigle s'abattit sur elles, saisit les entrailles des animaux et les emporta à travers les airs pour les déposer sur un autre autel. Des assistants qui l'avaient suivi des yeux indiquèrent l'endroit au roi Alexandre. Celui-ci s'y rendit en toute hâte : il vit les entrailles sur l'autel et une chapelle très ancienne qui abritait la statue d'un dieu, statue qu'il est difficile de décrire précisément : le dieu était assis, la main droite posée sur un animal monstrueux, la main gauche tenant un sceptre. Près de cette étrange statue, il y en avait une autre, très grande, représentant une jeune fille debout. Alexandre demanda aux autochtones de quels dieux il s'agissait. Ils répondirent qu'ils l'ignoraient mais que, selon la tradition de leurs ancêtres, ce sanctuaire était consacré à Zeus et à Héra. Dans ce sanctuaire, Alexandre vit aussi les obélisques qui, aujourd'hui encore, se trouvent dans le Sarapéion, en dehors de l'enceinte actuelle, couverts de hiéroglyphes. Quand Alexandre s'informa de l'origine de ces obélisques, on lui répondit : « C'est un don du roi Sésonchosis, maître du monde[51]. » L'inscription en hiéroglyphes dit : « Le roi d'Egypte Sésonchosis, maître du monde, a fait cette offrande au dieu qui s'est manifesté, le dieu du monde, Sarapis. »

Alexandre, les yeux fixés sur le dieu, demanda : « Ô très grand Sarapis, si c'est toi le dieu du monde, fais-le-moi savoir. » Il vit alors ce grand dieu lui dire en songe : « Alexandre, as-tu oublié ce que tu as dit en offrant ton sacrifice ? N'était-ce pas : "Qui que tu sois, toi le dieu qui gouverne cette terre et dont le regard embrasse le monde infini, accepte mes offrandes et sois mon allié dans les guerres à venir" ? Et soudain un aigle s'est abattu sur les entrailles qu'il a prises dans ses serres pour les déposer sur cet autel. Ne pouvais-tu pas comprendre que je suis le dieu qui gouverne tout ? »

Alexandre, dans son rêve, demanda alors au dieu : « Cette ville que je viens de fonder et que j'ai nommée Alexandrie gardera-t-elle mon nom, ou recevra-t-elle celui d'un autre roi ? » Il vit alors le dieu le prendre par la main et l'entraîner sur une très haute montagne :

— Alexandre, peux-tu déplacer cette montagne ?

— Non, je ne peux pas, Seigneur.

— De même, ton nom ne peut être remplacé par celui d'un autre roi. Alexandrie prospérera au milieu des richesses, et fera prospérer les cités qui étaient avant elle.

— Seigneur, demanda Alexandre, révèle-moi encore quand et comment je mourrai.

Le dieu lui dit :

« Il est reposant, beau, précieux, pour un [mortel,
de ne pas connaître à l'avance le terme fixé à [sa vie.
Les hommes, parce qu'ils sont mortels,
ne conçoivent pas en leur esprit
que la vie, elle, est immortelle,
la vie qui sans cesse varie.
Heureux qui ignore ce qui doit arriver.
Pour toi aussi, mieux vaudrait ne pas savoir [d'avance ce qui va t'advenir.
Mais puisque toi-même le demandes et que tu [souhaites le savoir, soit !
Voici brièvement ce que tu peux apprendre :
Vivifié par ma puissance, tu soumettras à ta loi [toutes les tribus barbares,
et ensuite tu viendras à moi, mort sans être [mort.
La ville que tu fondes aujourd'hui, au centre [du monde,
attirera le monde à elle, elle-même monde [divin.
De nombreuses époques passeront, elle [traversera les siècles au milieu des richesses,
ornée de temples nombreux, de sanctuaires de [toutes sortes.

Les peuples afflueront vers elle, la rendront
[belle et grande;
chacun y viendra pour y demeurer, oubliant sa
[terre d'origine,
la terre de sa naissance.
Et moi, j'en serai le protecteur, veillant sur elle
[pour l'éternité,
moi, le dieu qui ne meurt ni ne vieillit.
J'ai affermi la terre pour que cette cité soit à
[jamais solide,
j'ai aplani les vagues de la mer, j'ai chassé au
[loin le feu;
j'ai dompté le vent, qui ne soufflera pas
[sauvagement.
La malveillance des mauvais génies ne viendra
[pas troubler la cité.
Le tremblement de terre, la faim, la peste n'y
[dureront pas,
la guerre n'y fera pas couler beaucoup de
[sang :
ces fléaux traverseront la cité comme un songe.
De ton vivant, une multitude d'hommes se
[prosterneront devant toi,
en tout lieu, à tout moment, comme devant un
[dieu.
Et quand tu seras devenu dieu, après ta mort,
[on se prosternera devant toi
et des rois t'offriront des présents.
Toujours tu habiteras cette cité, mort sans être
[mort,
car tu auras pour tombeau la cité que tu
[fondes.
Mais apprends maintenant, Alexandre, qui je
[suis :
pose d'abord deux cents, puis ajoute un, puis
[cent encore,
puis un, puis quatre-vingts, puis dix,
puis reprends la première lettre et place-la à la
[fin.
Tu sauras ainsi quel dieu je suis[52]. »

Après cette prophétie, le dieu disparut. Alexandre s'éveilla de son rêve, repassa l'oracle dans son esprit et reconnut le grand dieu du Tout, Sarapis. Il fit élever un grand autel, commanda en vue d'un sacrifice des victimes dignes du dieu et ordonna aux sacrificateurs de les déposer sur l'autel ; il offrit aussi une grande quantité d'encens et un monceau d'aromates de toutes sortes. Il convia tout le monde à un repas de fête. Il demanda aussi à l'architecte Parménion de construire un sanctuaire et de fabriquer une statue en s'inspirant de ces vers du fameux poète Homère :

> « Il dit, et, d'un signe de son front aux
> [sourcils sombres, le fils de Cronos promit.
> Les cheveux divins du seigneur flottèrent sur
> [sa tête immortelle,
> et le vaste Olympe en frémit[53]. »

L'architecte construisit donc ce sanctuaire qu'on appelle le Sarapéion de Parménion.

Ainsi fut fondée la ville d'Alexandrie.

Alexandre reprit la tête de ses troupes et entra en Egypte[54] ; il envoya sa flotte l'attendre à Tripoli. L'armée peinait, tant la marche était dure. Dans chaque cité, les prophètes venaient à la rencontre d'Alexandre, portant des images de leurs dieux, et le saluaient comme un nouveau Sésonchosis, maître du monde.

Lorsqu'il arriva à Memphis[55], ils le firent asseoir sur le trône sacré d'Héphaïstos et le vêtirent comme un roi égyptien. Alexandre vit une statue de pierre noire, portant sur son socle cette inscription : « Le roi qui s'est enfui reviendra en Egypte, sans avoir vieilli, rajeuni au contraire ; il soumettra à notre loi nos ennemis les Perses. » Alexandre demanda qui représentait la statue. On lui répondit : « C'est notre dernier roi, Nectanébo. Quand les Perses sont arrivés pour faire la guerre à l'Egypte, il a vu, grâce à son pouvoir magique, les dieux égyptiens prendre la tête des armées ennemies et les guider contre l'Egypte : comprenant qu'il était trahi, il a pris la fuite. Nous l'avons recherché et avons interrogé nos dieux pour savoir où s'était réfugié notre roi. C'est le dieu qui habite le Sarapéion qui nous a rendu cet oracle : “Le roi qui s'est enfui reviendra en Egypte, sans avoir vieilli, rajeuni au contraire ; il soumettra à notre loi nos ennemis les Perses”. »

A ces mots, Alexandre sauta sur la statue et l'embrassa en disant : « C'est mon père, je suis son fils ! L'oracle du dieu ne vous a pas menti. Et pourtant je m'étonne : comment les Barbares ont-ils pu vous écraser avec les murailles que vous avez, murailles qui ne sont pas construites de main d'homme et que nul ennemi ne peut jeter à bas ? Car les eaux encerclent votre ville et la gardent, les chemins d'accès sont tortueux et difficiles, une armée nombreuse ne peut s'y engager : moi-même, qui ne suis venu qu'avec quelques hommes, j'ai peiné tant la route est impraticable. Mais c'était là l'œuvre de la Providence et de la justice divine : vous qui jouissez d'une terre fertile et d'un fleuve fécond deviez être soumis à d'autres qui n'avaient pas les mêmes biens. Car si, en plus des dons que vous avez reçus, vous aviez aussi le pouvoir, les Barbares périraient, eux qui n'ont pas ces avantages. Voilà pourquoi eux qui n'ont pas ce que vous avez sont de puissants guerriers, tandis que vous, qui savez cultiver la terre, êtes esclaves de ceux qui ne savent pas le faire : ceux qui n'ont pas se servent chez ceux qui ont. »

Cela dit, Alexandre leur demanda le tribut qu'ils avaient préparé pour Darius et il expliqua : « Ce n'est pas pour enrichir mon trésor personnel que je vous demande cet argent, mais pour le dépenser au profit de votre ville Alexandrie qui, à la frontière de l'Egypte, est la métropole de l'univers. » Les habitants de Memphis lui donnèrent alors l'argent de bonne grâce et, quand il partit, ils l'escortèrent en grande pompe jusqu'à Péluse.

Reprenant la tête de son armée, Alexandre se dirigea vers la Syrie. Il soumit les premières cités qu'il rencontra, leva sur elles mille soldats équipés de leur cuirasse et parvint à Tyr. Là, les Tyriens disposèrent leur armée en face de lui pour l'empêcher d'entrer chez eux ; selon un ancien oracle, leur ville devait, si un roi la traversait, se confondre avec la surface du sol : c'est pourquoi ils s'opposaient au passage d'Alexandre. Ils se rangèrent donc face à lui en ordre de bataille, après avoir construit des fortifications autour de leur ville. Un violent combat eut lieu, les Tyriens tuèrent de nombreux Macédoniens et l'armée d'Alexandre fut très éprouvée.

Alexandre fit alors demi-tour en direction de Gaza ; quand il se fut ressaisi, il se mit à chercher une idée pour en finir avec Tyr. Il vit en songe quelqu'un qui lui disait : « Ne sois pas ton propre messager à Tyr ! » A son réveil, il y envoya des ambassadeurs avec la lettre que voici :

« Le roi Alexandre de Macédoine, fils d'Ammon, enfant du roi Philippe, lui-même le plus grand roi d'Europe, d'Asie et de Libye[56], aux Tyriens qui ne sont plus rien : Quand j'ai entrepris mon expédition auprès des peuples de Syrie, mon intention était d'entrer chez eux pacifiquement et avec bienveillance. Mais vous, Tyriens, les premiers parmi eux — je ne parle pas de votre statut politique, mais de votre situation géographique à l'entrée de la Syrie — vous me refusez le passage. Vous allez donc servir d'exemple, et tout le monde pourra voir combien les Macédoniens sont forts face aux fous que vous êtes : l'oracle qu'on vous a rendu n'aura pas menti ; je vais traverser votre ville et elle s'effondrera ! Soyez raisonnables et portez-vous bien ; sinon, malheur à vous ! »

Lorsque les premiers magistrats tyriens eurent lu la lettre, ils firent fouetter les ambassadeurs et demandèrent : « Lequel d'entre vous est Alexandre ? » Et comme ils avaient répondu qu'aucun d'eux ne l'était, ils les firent crucifier. Quand Alexandre apprit cela, il chercha comment triompher des Tyriens, car il lui paraissait évident qu'ils ne céderaient pas. C'est alors qu'il vit en songe un compagnon de Dionysos, un satyre, lui présenter un fromage ; lui le prit et l'écrasa sous ses pieds. A son réveil, il exposa ce rêve à un interprète qui lui dit : « Roi Alexandre, Tyr te sera soumise, car tu as écrasé le fromage[57]. » C'est ainsi que l'interprète expliqua le rêve.

Quelques jours plus tard, Alexandre engagea les hostilités contre les Tyriens, soutenu par trois bourgades voisines qui combattaient vaillamment à ses côtés. Ses soldats forcèrent les portes, égorgèrent les sentinelles, saccagèrent Tyr de fond en comble et abattirent tous les murs à ras du sol. Aujourd'hui encore, à cause d'Alexandre, on parle du « malheur de Tyr ». Quant aux trois bourgades qui avaient vaillamment combattu avec lui, Alexandre les réunit en une ville qu'il nomma Tripoli[58].

Il installa comme lieutenant à Tyr le satrape de Phénicie[59]. Puis il leva le camp et reprit sa progression à travers la Syrie.

Des ambassadeurs de Darius vinrent à sa rencontre, apportant une lettre ainsi qu'un fouet, une balle et un coffret. Alexandre déroula la lettre et lut :

« Moi, le Roi des rois, de la race des dieux, qui partage le trône de Mithra et qui me lève avec le soleil, dieu moi-même, moi, Darius, à Alexandre mon serviteur : Je t'ordonne catégoriquement de retourner chez tes parents, qui sont mes esclaves, et d'aller te reposer sur le sein de ta mère Olympias, car tu es encore à l'âge où l'enfant a besoin d'un maître et d'une nourrice. Je t'envoie donc un fouet, une balle et de l'or : tu prendras ce que tu voudras ! Le fouet, c'est parce que tu as besoin d'éducation. Avec la balle, tu joueras avec tes camarades au lieu d'embrigader tant de jeunes gens, entreprise bien présomptueuse à ton âge, et de porter le trouble dans les cités comme un meneur de bande. Car de toutes façons, même si tous les hommes de la terre s'unissaient, ils ne pourraient abattre la foule des Perses : nos soldats sont si nombreux que même en comptant les grains de sable, on n'en obtiendrait pas le nombre ; et nous avons de l'or et de l'argent, assez pour recouvrir toutes les plaines de la terre. C'est pourquoi je t'envoie aussi un coffret plein d'or : si tu ne sais comment entretenir tes hommes de main, fais-leur une distribution, afin que chacun ait de quoi regagner sa patrie. Si tu n'obéis pas à mes ordres, je t'enverrai mes justiciers qui te feront prisonnier. Tu n'auras pas la chance d'échapper à mes soldats et quand tu seras pris, loin de recevoir l'éducation que mériterait le fils de Philippe, tu seras crucifié comme rebelle et meneur de bande[60]. »

Tandis qu'Alexandre lisait cette lettre, ses soldats prenaient peur. Alexandre le remarqua et leur dit : « Macédoniens, pourquoi vous laissez-vous troubler par ce qu'il a écrit là, comme si cette lettre avait un réel pouvoir ? Darius fait l'important quand il m'écrit, mais il ne ressemble pas à l'image qu'il donne de lui ! Regardez les chiens : ceux qui ne sont pas assez robustes pour se battre aboient très haut, comme si leurs aboiements étaient une preuve de force. Il en va de même pour Darius : en réalité, il n'a aucun pouvoir ; mais dans sa lettre, il donne l'impression d'être quelqu'un, comme les chiens quand ils aboient. Admettons toutefois qu'il dise vrai : nous voilà éclairés, nous savons contre qui nous devons partir hardiment en guerre. Nous ne serons pas vaincus pour avoir été pris au dépourvu : nous nous battrons avec hardiesse et nous emporterons la couronne de la victoire ! »

Sur ces mots, Alexandre donna l'ordre d'emmener les ambassadeurs, mains liées derrière le dos, et de les crucifier. Ceux-ci, effrayés, demandèrent :

— Quel mal t'avons-nous fait, Alexandre, pour que tu nous fasses tuer misérablement ?

— Prenez-vous-en à votre roi plutôt qu'à moi ! Darius n'a pas adressé cette lettre à un roi, mais à un meneur de bande. Aussi vais-je vous faire tuer comme la brute que vous êtes venus trouver, non comme un roi.

— Darius ne savait pas de quoi il parlait ; mais nous, nous voyons ici, en rangs serrés, une très nombreuse armée, et nous découvrons un très grand roi plein de sagesse. En tant que fils du roi Philippe, fais-nous donc grâce de la vie !

— Ce n'est pas parce que vous avez craint le châtiment et que vous me suppliez que je vous libère : je n'ai même pas l'intention de vous châtier ; je veux seulement vous montrer la différence entre un roi grec et un tyran barbare[61]. Ne craignez rien, je ne vous ferai aucun mal : un roi ne fait pas exécuter des ambassadeurs.

Là-dessus, Alexandre demanda à ses hommes de préparer un repas ; il prit place à table à côté des messagers et fut d'excellente humeur. Mais lorsque certains voulurent lui indiquer comment prendre Darius dans une embuscade, sans avoir à lui faire la guerre, il répliqua : « Ne me dites rien ! Si vous ne deviez pas retourner auprès de Darius, j'accepterais ce renseignement. Mais puisque vous partez, je ne veux rien savoir, de peur que l'un d'entre vous n'aille rapporter à Darius ce que vous m'auriez dit ; je craindrais d'être ainsi à l'origine de votre châtiment, après vous l'avoir personnellement épargné. » Les satrapes et les messagers en conçurent une grande estime pour Alexandre.

Le lendemain, Alexandre écrivit une lettre à Darius et, en cachette des messagers, il la lut à ses propres soldats. La voici :

« Le roi Alexandre, fils de Philippe et d'Olympias, salue le Roi des rois, celui qui partage le trône du dieu Mithra, qui est de la race des dieux et qui se lève avec le soleil, le grand roi des Perses, Darius. Quelle honte qu'un si grand roi, Darius, élevé à une si haute puissance et partageant le trône des dieux, soit destiné à devenir un jour l'obscur esclave d'un homme quelconque, Alexandre ! Se faire appeler dieu ne rend pas un homme plus puissant ni plus intelligent. Quel scandale, en revanche, que de voir des noms d'Immortels donnés à des corps mortels ! J'ai déjà compris une chose : tu n'as aucun pouvoir ; simplement tu te pares des noms des Immortels et t'attribues sur la terre les pouvoirs qu'ils ont au ciel. Pour moi, ton adversaire, tu es un mortel, comme je le suis moi-même. La Providence divine décidera de la victoire. Pourquoi, d'autre part, nous écris-tu que tu as tant d'or et tant d'argent ? Est-ce pour que nous le sachions et que nous nous battions d'autant plus énergiquement que nous aurons l'espoir de gagner tes trésors ? Si je sors vainqueur, je serai célèbre, je deviendrai un grand roi chez les Barbares et chez les Grecs pour avoir éliminé le si puissant roi des Perses, Darius. Mais, si c'est toi le vainqueur, tu n'auras pas de quoi être fier : tu n'auras vaincu qu'un brigand comme tu me l'as écrit ; moi, je t'appelle roi Darius. Tu m'as envoyé un fouet, une balle et un coffret d'or. C'était pour te moquer de moi, mais moi, j'ai reçu ces présents comme de bons présages : le fouet, signe qu'avec mes armes j'écorcherai les Barbares, que je les réduirai moi-même en esclavage ; la balle, par laquelle tu m'as signifié que je deviendrai maître du monde : car le monde a la forme d'une balle, il est rond ; et le coffret d'or, signe essentiel par lequel tu as annoncé ta propre soumission : quand j'aurai triomphé de toi, tu me paieras un tribut. »

Après avoir lu cette lettre à ses soldats, Alexandre la cacheta et la remit aux messagers. Il leur offrit l'or que lui avait envoyé Darius. Ceux-ci le reçurent comme une preuve de la sagesse et de la profonde intelligence d'Alexandre et prirent congé. Alexandre, quant à lui, repartit avec ses troupes, soumit toute la Syrie, puis se dirigea vers l'Asie.

Darius reçut la lettre. Il en fut troublé et adressa à ses satrapes le message suivant : « Le roi Darius salue les satrapes en poste au-delà du Taurus[62]. On m'annonce un soulèvement d'Alexandre, le fils de Philippe. L'insensé marche sur l'Asie pour ravager mon pays. Capturez-le et amenez-le-moi sans lui faire aucun mal : je veux moi-même lui ôter son manteau de pourpre et lui donner une raclée avant de le renvoyer dans sa patrie, la Macédoine, auprès de sa mère Olympias, avec des castagnettes et des osselets, les jouets des petits Macédoniens. Je le ferai accompagner par un pédagogue perse qui lui enseignera la modération avec un fouet et qui l'empêchera de penser comme un homme avant de l'être. Coulez ses trières avec leurs équipages. Repoussez vers la mer Erythrée les soldats qui le suivent comme des misérables, pour qu'ils s'y établissent. Gardez pour vous les chevaux et les chariots de bagages et offrez-les à vos amis. »

De leur côté, les satrapes de ces régions écrivirent eux aussi et envoyèrent une lettre dont voici le texte :

« Hydaspès et Spinther saluent le dieu Darius. Nous nous étonnons que tu n'aies pas conscience de l'importance du peuple qui attaque notre pays. Nous avons trouvé cinq de leurs hommes en train d'errer chez nous ; nous te les envoyons chargés de fer : à toi de les interroger le premier. Quoi qu'il en soit, tu feras bien de venir ici au plus vite, avec une très nombreuse armée. »

Darius reçut cette lettre, la lut et envoya cette réponse :

« Le Roi des rois, le grand dieu Darius, salue Hydaspès, Spinther et les autres satrapes qui sont à son service. N'espérez rien de moi si vous abandonnez votre région et si vous ne récupérez pas les prisonniers perdus. Vous ferez ainsi la preuve de votre courage! Quel fauve, bondissant sur vous, vous a donc troublés? Vous qui savez résister au feu de l'éclair, vous n'avez pas supporté le tonnerre d'un homme de rien? Qu'avez-vous à dire? Que l'un de vous est mort sur le champ de bataille? Qu'un autre a été blessé? Qu'un troisième a été fait prisonnier en venant au secours de son camarade? Que dois-je décider à votre sujet? Vous avez fait honte à ma royauté en laissant courir un brigand! »

Lorsqu'il apprit qu'Alexandre n'était pas loin, Darius vint établir son camp sur la rive du Pinaros[63] et lui envoya cette lettre :

« Le Roi des rois, le grand dieu Darius, seigneur de cent vingt peuples, déclare à Alexandre ceci : Tu es le seul être au monde à ne pas connaître le nom de Darius ; même les dieux l'honorent, eux qui ont jugé bon de partager leur trône avec moi. Tu as eu l'audace de franchir la mer; tu aurais dû te réjouir de pouvoir régner tranquillement sur la Macédoine hors de mon contrôle; mais non! Ayant trouvé un pays sans maître, tu t'y es désigné roi, tu as rassemblé autour de toi des hommes comme toi, qui n'avaient rien à perdre, et tu t'es attaqué à des cités grecques qui n'étaient pas prêtes pour la guerre et qui ne cherchaient qu'à sauvegarder leur liberté – pour moi, elles sont sans importance : je m'en suis désintéressé et ne leur ai pas demandé de tribut. Crois-tu donc que nous allons réagir comme tu l'imagines ? Les places que tu as prises, tu n'auras pas la gloire de les garder ! Tu as très mal calculé, il vaudrait mieux corriger tes erreurs de jugement et te présenter à moi, ton maître, comme un serviteur, au lieu de t'entourer d'une bande de brigands et d'assassins. Certes, jusqu'à ce jour, j'ai fait preuve de clémence envers les hommes, comme il convient à un dieu. Mais puisque tu as insisté au point d'avoir besoin d'une lettre de Darius, voici mon message : viens te prosterner devant le dieu Darius. Si tu persistes dans ta folie, je te châtierai d'une mort indescriptible, et pire encore sera le sort que subiront tes compagnons pour ne t'avoir pas conseillé la modération. Autrement, je jure par Zeus, le Père très grand, de ne pas te garder rancune de ce que tu as fait. »

Cette lettre, bien loin de troubler Alexandre, l'irrita au contraire par son ton pompeux. Il traversa en hâte l'Arabie, désireux d'en venir au fait. Quand Darius et ses hommes virent qu'Alexandre dirigeait son armée contre eux, ils crurent pouvoir l'écraser avec leurs chars à faux. Ils se hâtèrent d'occuper les côtés du terrain et disposèrent de face les chars et toutes les troupes d'attaque rangées en ordre de bataille. Mais Alexandre ne les laissa pas entamer sa ligne de front[64] : les chars ne purent ni enfoncer les rangs ni faire demi-tour ; ils furent pour la plupart neutralisés par une pluie de traits qui en frappaient les occupants ; certains furent même complètement mis en pièces. Alexandre se tenait de côté, sur l'aile droite, là où il combattait habituellement : il disposa cette aile à l'image de l'aile gauche des Perses, puis, enfourchant lui aussi son cheval, il ordonna aux trompettes de sonner l'air du combat. Et tandis que ceux-ci donnaient le signal, retentit le cri de guerre poussé par les deux armées marchant l'une contre l'autre. La bataille fut rude; on combattit longtemps, avec acharnement; aux extrémités des ailes, les soldats se jetaient les uns contre les autres et luttaient énergiquement, se frappant de leurs épées jusqu'à épuisement.

Enfin, les combattants se séparèrent, chaque camp pensant avoir gagné. Les hommes d'Alexandre poursuivirent alors ceux de Darius et tentèrent de toutes leurs forces de les écraser; eux se gênaient et se bousculaient les uns les autres tellement ils étaient nombreux : beaucoup furent blessés par leurs compagnons, beaucoup aussi par leurs ennemis. On ne voyait que des chevaux gisant à terre et des hommes morts; il n'était plus possible de distinguer un archer perse d'un soldat macédonien ou d'un cavalier, tant la poussière était dense. On ne voyait plus le ciel, la terre était complètement recouverte de sang et de boue. Le soleil lui-même, accablé par ces événements, refusa d'assister à tant de souillures et disparut derrière des nuages. Enfin, les Perses en pleine déroute prirent la fuite, et parmi eux Amyntas, fils d'Antiochos, transfuge macédonien qui était passé à Darius. L'heure les aida car déjà le soir tombait. Darius cependant, craignant d'être reconnu de loin à cause de son char, profita de l'obscurité pour s'enfoncer dans un défilé; là, il abandonna son char et s'enfuit à cheval. Alexandre, qui s'était fait un point d'honneur de capturer Darius, le poursuivit dans la direction qu'on lui avait indiquée. Après une course de soixante stades, il prit son char, ses armes, sa mère, sa femme et ses enfants. Darius, lui, dut son salut à la nuit, ainsi qu'aux chevaux frais dont il put disposer régulièrement : il échappa à Alexandre.

Les Macédoniens quittèrent le champ de bataille et se dirigèrent vers le camp des Perses. C'était alors le milieu de la nuit; ils campèrent parmi les cadavres. Alexandre s'était réservé la tente de Darius : il y entra et s'y installa.

Après ce triomphe sur ses ennemis, et malgré la gloire immense dont l'avait gratifié la divine Providence, il ne manifesta aucun orgueil. Il fit donner une sépulture à ceux des Perses qui s'étaient distingués par leur bravoure et leur noblesse. Quant à la mère, à la femme et aux enfants de Darius, il les prit avec lui et les traita avec respect. Il témoigna le même respect aux autres prisonniers, qu'il réconforta et qu'il exhorta à prendre courage.

Les Macédoniens perdirent en tout cinq cent cinquante fantassins et cent soixante cavaliers ; ils comptaient en outre plus de cent soixante blessés. Chez les Barbares, il y avait cent vingt mille morts. Le butin se monta à quatre mille talents d'or[65].

Darius, sauvé par sa fuite, rassembla contre Alexandre une armée plus importante que la première fois. Il écrivit aux peuples qui lui étaient soumis, leur demandant de le rejoindre avec des troupes nombreuses. Remarquant que Darius rassemblait une armée sur l'Euphrate et que les Barbares de cette région installaient des campements, un des espions d'Alexandre lui écrivit pour l'en informer. A cette nouvelle, Alexandre adressa à son stratège Scamandre le message suivant : « Le roi Alexandre salue son stratège Scamandre. Rejoins-nous au plus vite avec les phalanges et toutes les troupes qui sont sous tes ordres. Car il paraît que les Barbares ne sont pas loin. »

Alexandre, lui, prit avec ses troupes la route de l'Achaïe[66]. Là, il soumit de nombreuses villes sur lesquelles il leva une armée de cent soixante-dix mille hommes. Il franchit le Taurus et, fichant en terre une lance particulièrement robuste, il déclara : « Si quelque puissant, Grec, Barbare ou autre roi, arrache cette lance de terre, son geste sera pour lui un mauvais présage : les fondations de sa cité seront de même déterrées[67]. »

Il se rendit ensuite à Piérie, ville de Bébrycie[68]. Là se trouvait un sanctuaire qui abritait une statue d'Orphée, avec les Piérides et les bêtes qu'il a charmées. Comme Alexandre regardait la statue d'Orphée, le visage et le corps de celle-ci se couvrirent soudain de sueur. Alexandre chercha à savoir ce que cela signifiait. Le devin Mélampous lui dit : « Roi Alexandre, il te faudra peiner, suer et souffrir pour soumettre à tes ordres les peuples barbares et les cités grecques, et faire ton chemin parmi les bêtes sauvages : tel Orphée qui, avec sa lyre et ses chants, a séduit les Grecs et les Barbares, les a convertis à l'amour par ses douces paroles et a apprivoisé les bêtes sauvages. » Alexandre récompensa généreusement le devin Mélampous.

Il se rendit ensuite en Phrygie, entra dans Ilion où il offrit un sacrifice à Hector, à Achille et aux autres héros. Il vénéra particulièrement Achille à qui il demanda une protection personnelle, le priant d'accepter les présents qu'il lui offrait respectueusement : il n'était pas un étranger superstitieux, mais un parent pieux. Et il expliqua :

« A l'origine était Eaque, rejeton de Zeus.
Il eut pour fils Pélée, maître du royaume de [Phthie,
dont tu naquis, illustre progéniture.
Pyrrhus, ensuite, apporta son noble sang à [cette descendance,
puis Piélos, non moins renommé.
Ensuite régna Eubios, le fils de Piélos.
L'ardent Nessos hérita du nom de la famille,
puis le puissant Argos, père de Xanthos.
De ce dernier naquit la noble Arété, qui assura [la continuation de la race.
Son fils reçut le nom de Priam.
Vinrent alors Tryinos, puis Eurymachos, puis [le riche Lycos, puis Castor.
Castor engendra Dromon, qui engendra [Phocos.
La fille de ce dernier, Métrias, mit au monde [un digne héritier
qui reçut le nom de Néoptolème.
A celui-ci succéda Tharypas, premier roi des [Molosses, notre aïeul.
Puis vint ma mère qui, de ses glorieuses [entrailles, me donna le jour :
par elle, je suis de votre race.

Je t'en prie donc : que ton nom s'associe au [mien !
Assiste-moi dans mes guerres, ajoute aux tiens [mes titres de gloire,
fruit de cette race féconde,
pour qu'ils se répandent largement sur toute la [terre.
Fais que, reconnu par le monde entier,
notre royaume n'ait pour bornes
que celui de Phaéton. »

Alexandre vit le Scamandre, ce fleuve qu'Achille avait franchi d'un bond : il n'avait pas cinq coudées de large ! Il vit le bouclier d'Ajax, fait de sept peaux de bœuf : il était plutôt petit, et loin d'être aussi admirable que ne l'avait décrit Homère. Alexandre s'exclama : « Heureux, vous qui avez trouvé Homère pour vous chanter : dans ses poèmes, vous avez été grandis ; mais, à voir la réalité, votre valeur n'égalait pas ce qu'il a écrit ! » Un poète, alors, s'avança vers lui et lui dit : « Alexandre, nous écrirons mieux qu'Homère. » Il répliqua : « Je préférerais être Thersite dans l'œuvre d'Homère plutôt qu'Achille dans la tienne[69] ! »

Jusqu'alors, sa mère Olympias l'avait accompagné dans son voyage et ses épreuves. Mais là, après avoir pris un repas avec elle, il la renvoya en Macédoine, escortée par une foule brillante de captifs de la meilleure condition. Lui-même, prenant une autre route, se prépara à affronter Darius.

Il se rendit sur le Bosphore ; il incorpora dans l'armée macédonienne les prisonniers qui avaient été capturés lors de la bataille contre Darius, puis se dirigea vers Abdère[70]. Mais là, les habitants fermèrent devant lui les portes de leur ville. Alexandre, irrité, ordonna à l'un de ses stratèges d'incendier la ville sur-le-champ. Les Abdéritains lui envoyèrent des ambassadeurs qui lui dirent : « Nous avons fermé nos portes, non pour résister à ton autorité, mais par crainte du roi des Perses : nous redoutons que Darius, s'il reste au pouvoir, n'anéantisse notre cité parce que nous t'aurions reçu. Viens donc toi-même ouvrir les portes de la ville : nous nous soumettrons au plus fort des deux rois. » Alexandre sourit et répondit aux messagers : « Vous craignez que Darius ne vous anéantisse plus tard, s'il reste roi : allez, ouvrez vos portes, vivez ensemble en bonne harmonie, je n'entrerai pas dans votre ville tant que je n'aurai pas vaincu celui que vous craignez, le roi Darius. Je recevrai alors votre hommage. » Sur ces mots, il reprit sa route. Il gagna en deux jours la Bottie et Olynthe, ravagea toute la Chalcidique et fit périr les habitants des régions voisines.

De là, il se dirigea vers le Pont-Euxin et soumit toutes les villes environnantes. Après avoir offert un sacrifice à Poséidon, il gagna avec tous ses hommes les bords du lac Méotide. Cette région est froide, stérile; on n'y trouve rien à manger. Alexandre n'avait pas assez de vivres pour les Macédoniens, tous risquaient de mourir de faim. Il adopta alors une solution pleine de bon sens : il fit abattre et dépecer tous les chevaux de la cavalerie, puis invita les soldats à faire rôtir la viande et à la manger. Ils obéirent, tenaillés par la faim; cependant, ils murmuraient et s'interrogeaient : « Pourquoi Alexandre a-t-il fait abattre tous les chevaux? Certes, pour le moment, nous avons trouvé à manger, mais nous sommes aussi sans défense puisque les cavaliers ne peuvent plus monter la garde autour des troupes. » Ces rumeurs qui circulaient vinrent aux oreilles d'Alexandre. Il se rendit auprès des soldats et leur dit : « Camarades, j'ai fait abattre les chevaux, qui pourtant sont indispensables pour la guerre, afin que vous puissiez manger. A quoi nous auraient servi les chevaux si les cavaliers avaient péri? Quand on lutte contre le mal par un moindre mal, le dommage est moindre. Lorsque nous serons parvenus sur une terre plus hospitalière, nous trouverons facilement d'autres chevaux. Mais, vous morts de faim, où irais-je, moi, trouver d'autres Macédoniens? » Ainsi Alexandre apaisa son armée.

Poursuivant sa route, il passa quelques villes et parvint chez les Locriens[71]. Le lendemain de son arrivée, tandis que ses troupes l'attendaient, il se rendit à

Agrigente. Il entra dans le sanctuaire d'Apollon et demanda à la prêtresse de prophétiser pour lui. Celle-ci refusa. Alexandre se mit en colère et déclara : « Si tu ne veux pas prophétiser, je vais emporter le trépied, moi aussi, comme Héraclès quand il a emporté le trépied de Phébus, offrande de Crésus, le roi de Lydie ! » Une voix lui parvint alors du fond du sanctuaire : « Dans le cas d'Héraclès, Alexandre, c'était une affaire entre dieux ; mais toi qui es mortel, ne résiste pas aux dieux, car ce que tu fais parvient à leurs oreilles. » Quand cette voix eut retenti, la prophétesse de Phébus déclara : « Le dieu lui-même t'a rendu un oracle, en t'interpellant d'un nom très puissant : il a crié du fond du sanctuaire "Héraclès, Alexandre", t'avertissant par là que tes travaux te rendront plus puissant que quiconque et qu'on se souviendra éternellement de toi. »

Alexandre se rendit ensuite à Thèbes et réclama pour son armée quatre mille des meilleurs soldats thébains. Mais les Thébains fermèrent les portes de leur ville et, sans envoyer d'ambassadeurs à Alexandre, sans non plus en recevoir, ils prirent les armes pour lui résister[72]. Ils firent monter cinq cents soldats armés sur leurs remparts, pour crier d'en haut à Alexandre qu'il devrait livrer bataille ou s'éloigner de la ville. Alexandre sourit : « Valeureux Thébains, dit-il, pourquoi vous êtes-vous retranchés derrière vos remparts pour ordonner à ceux qui sont dehors de combattre ou de s'éloigner ? Je me battrai donc, par Zeus, non pas comme on se bat contre une ville ou des hommes de cœur habitués aux batailles d'Arès, mais comme on procède avec des hommes ordinaires et des lâches. Je suis bien décidé à tenir sous la puissance de mes armes tous ceux qui se retranchent derrière leurs murailles. Les braves combattent en terrain découvert, et c'est se conduire en femmes que de s'enfermer par crainte du combat qui s'annonce. »

Aussitôt, Alexandre donna l'ordre à quatre mille cavaliers de se répartir autour des remparts et d'abattre avec des flèches ceux qui se trouvaient au sommet. Il équipa deux mille autres soldats de cognées, de haches à deux tranchants, d'énormes pioches et de barres de fer, et il leur ordonna d'exhumer les fondations, de démolir avec des leviers les murailles dont les pierres avaient été ajustées au son de la lyre d'Amphion et de Zéthos[73], de mettre le feu aux portes et de défoncer les murs avec cette machine qu'on appelle bélier : il s'agit de machines en fer et en bois que les soldats poussent sur des roues; on les envoie de loin contre les murs et grâce à cet élan, elles ont tôt fait de démolir les murs de pierre les mieux ajustés. Quant à lui, accompagné de mille autres soldats armés de frondes et de javelots, il tournait autour de la ville, résolu à la raser. Le feu, donc, prenait de toutes parts; pierres, flèches et javelines pleuvaient. Les Thébains tombaient du haut des remparts et mouraient, certains parce qu'ils étaient blessés comme divinement par les javelots et les projectiles des frondeurs, d'autres parce qu'ils glissaient, à bout de forces, sans pouvoir se retenir. En trois jours, Thèbes tout entière fut consumée par le feu. D'abord céda la porte dite Cadméenne, où Alexandre s'était posté. Très vite, le roi, par une étroite brèche, pénétra seul dans la ville. Beaucoup de Thébains qui se trouvaient sur son passage s'enfuirent, les uns blessés par lui, les autres simplement pris de panique. Les autres soldats, fantassins et cavaliers, entrèrent également dans la ville par les autres portes : en tout trois mille hommes, qui firent sauter toutes les portes. Et déjà les murs détruits s'écroulaient; car l'armée macédonienne ne tardait jamais à exécuter les ordres d'Alexandre. Les fondations de l'antique Cadmée baignaient dans le sang; des monceaux de cadavres thébains encombraient cette petite place; le Cithéron jubilait, charmé par les lamentations et les malheurs de ses voisins[74]. Aucune maison ne resta debout, Thèbes tout entière fut la proie des flammes. Les Macédoniens ne se lassaient pas d'ensanglanter le fer meurtrier. Leur folie valut aux Thébains, privés de secours, d'être anéantis par Alexandre.

Alors un Thébain, un certain Isménias, habile flûtiste et homme de ressources, après avoir gémi sur les malheurs de sa patrie — Thèbes rasée, détruite de fond en comble et toute sa jeunesse perdue — entreprit de mettre à profit ses talents de flûtiste. Il eut l'idée d'aller s'agenouiller aux pieds du roi avec sa flûte, et d'entonner une mélodie plaintive, prenante et pathétique, espérant que par cette prière, par la mélodie qu'il avait choisie et ses harmonieuses lamentations, il parviendrait à émouvoir Alexandre. Mais il jugea bon d'abord d'adresser au souverain des paroles suppliantes ; tendant la main vers lui et versant des larmes abondantes, il commença : « Alexandre, désormais instruits par l'épreuve, nous vénérons ta force divine. Épargne aux Thébains les coups de ton bras invincible, ne te montre pas impie, par ignorance, envers tes parents et tes proches. Car Dionysos et Héraclès sont d'illustres dieux thébains et c'est à eux que remontent nos ancêtres communs. Dionysos, enfanté par l'éclair, naquit à Thèbes de Zeus et de Sémélé, et Héraclès aussi, de Zeus et d'Alcmène. Ils se sont montrés secourables envers tous les hommes, gardiens de leur paix et de leur salut. Alexandre, ils sont tes ancêtres : tu dois les imiter et faire le bien. En digne descendant des dieux, ne méprise pas la cité nourricière de Dionysos et d'Héraclès, Thèbes maintenant détruite ; n'anéantis pas la cité qui fut fondée là où s'arrêta la génisse[75] : cet acte serait plus tard la honte des Macédoniens. Ignores-tu, Alexandre, que tu es de Thèbes et non de Pella ? Tout le pays thébain te supplie par ma voix, lui qui a pris tes ancêtres pour dieux, Dionysos le Libérateur, maître des thiases joyeux et dansants[76], et Héraclès dont les travaux ont servi la justice, dieu secourable aux hommes. Prends modèle sur tes ancêtres qui, beaux et bons, portèrent ces qualités à la perfection : change ta colère en générosité ; plutôt que de châtier, prends pitié ! Ne renie pas les dieux qui t'ont donné la vie, ne détruis pas la cité de tes pères et ne va pas anéantir, par ignorance, ta propre patrie[77] !

> Vois-tu ces murs qu'ont élevés Zéthos le berger et Amphion l'aède, fils de Zeus, que mit au monde en secret la jeune fille de Nyktée qui s'était égarée dans les danses ?

Cette riche demeure dont tu vois les fondations fut édifiée par Cadmos ; il prit pour femme la jeune Harmonie, fille de Cypris née de l'écume, qui s'était unie secrètement au dieu de Thrace.

Cette terre, la tienne, n'en fais pas inconsidérément un désert, ne brûle pas tous les murs de Thèbes !

Voici la demeure du roi Labdacos ; le malheureux eut un fils, dont la femme, pauvre mère, mit au monde Œdipe qui devint le meurtrier de son père.

Là se trouvait le sanctuaire d'Héraclès, qui fut d'abord la maison d'Amphitryon ; Zeus y coucha trois nuits qu'il fit passer pour une seule.

Vois-tu ces maisons calcinées qui viennent tout juste de s'effondrer sous les coups de la colère du ciel ? C'est là qu'un jour Zeus frappa d'un éclair Sémélé qu'il désirait ; ici, au milieu du brasier, il mit au monde Dionysos, le dieu Chevreau, le dieu du Pressoir.

C'est ici qu'Héraclès fut atteint de folie ; saisi d'un transport furieux, il tua son épouse Mégara d'une flèche.

Cet autel que tu vois est celui d'Héra ; on le remarque à cause de sa hauteur : c'est l'autel ancien sur lequel Héraclès, ayant revêtu la tunique fatale, périt dévoré et rongé en ses chairs, après avoir remis entre les mains de Philoctète les flèches qu'il avait trempées dans le sang de l'Hydre.

Là se trouve l'oracle de Phébus, la demeure de Tirésias ; c'est là que vécut ce devin, vénérable vieillard, qui fut changé en femme par Athéna-Tritonis.

Là, Athamas, frappé de folie, tua de ses flèches son fils Léarque qu'il prit pour un faon ; de là Ino courut se jeter dans les flots, entraînant avec elle, dans sa folie, son jeune enfant Mélicerte.

De là fut expulsé Œdipe, aveugle, sur ordre de Créon; Ismène lui servit de bâton.

Ce torrent-là qui descend du Cithéron est l'Isménos : il roule les eaux de Bacchus.

Vois-tu là-haut ce pin au feuillage touffu? C'est de là que Penthée épia les danses des Bacchantes; il fut mis en pièces, le malheureux, par sa propre mère.

Vois-tu cette source d'où jaillit une eau couleur de sang et où résonne un mugissement horrible? C'est le sang de Dircé qui s'y est engloutie.

Vois-tu au loin cette hauteur que l'on rejoint par le petit chemin que voici?

C'est là que siégeait le Sphinx, ce monstre qui imposait sa volonté à tous les citoyens et dont Œdipe vint à bout, durement éprouvé.

Ici est la source des dieux, la fontaine sacrée d'où bondissent les nymphes argentées; c'est là qu'Artémis un jour vint baigner son corps lustré, et l'impur Actéon – ô sacrilège! – assista au bain de la fille de Léto; pour cela il fut changé en cerf, et sa chair fut outragée, dévorée crue par ses chiens.

Thèbes fut attaquée par ses propres enfants; c'est alors Polynice, le lion d'Argos, qui commanda, chef de sept troupes de guerriers armés de lances pareilles à l'éclair.

Là, près de ce fossé, fut consumé Capanée; cette porte s'appelle la porte d'Électre.

Près de la porte maintenant défoncée de Proétos, la terre béante engloutit l'invincible Amphiaraos.

Près de la troisième porte, celle d'Ogygos, Hippomédon le géant trouva la mort.

Ici tomba Parthénopée, devant la porte Néiste, lorsqu'il fut rendu à la terre après avoir tué de nombreux guerriers.

Le vaillant Tydée de Calydon était posté devant la porte de Zeus Homoloios.

Là s'entretuèrent Polynice et Etéocle.
Là Adraste prit la fuite et périt; après sa mort, la cité de Thèbes aux sept portes ensevelit le chef argien.

Prends pitié, la sainte Cadmée t'en supplie. Thèbes est la ville du dieu Libérateur ami des chants, et c'est elle que tu fais détruire jusque dans ses fondements! Vois-tu, en train de brûler, l'enclos sacré d'Héraclès, ton ancêtre et celui de ton père Philippe? Veux-tu dans ton ignorance incendier tes propres temples? Pourquoi outrages-tu ainsi ceux à qui tu dois la vie, toi qui es de la race d'Héraclès et de l'illustre Bacchus? »

Après cette longue supplication, Isménias tomba aux pieds du roi Alexandre. Le Macédonien jeta les yeux sur lui et, grinçant des dents, haletant de colère, il lui dit : « Infâme progéniture du peuple de Cadmos, infâme créature haïe des dieux, vulgaire rejeton d'une souche barbare, résidu du malheur qui a frappé Ismène, avec tes histoires fallacieuses que tu inventes de toutes pièces, tu crois divertir Alexandre? Tu prétends que si je détruis toute la ville, si je l'incendie et vous fais tous disparaître, vous et vos descendants, j'aurai tranché la racine de ma race? Mais si vraiment tu connais toute ma généalogie, si tu sais d'où je viens et qui sont mes parents, n'aurais-tu pas pu proclamer aux Thébains : "Alexandre est de notre sang, ne nous opposons pas à un concitoyen, confions-lui le commandement et soyons ses alliés; nous sommes des citoyens du même sang qu'Alexandre; si les Macédoniens s'associent aux Thébains, la gloire de cette souche antique rejaillira sur nous." C'est après une défense sans énergie, après un combat sans force où vous vous êtes couverts de honte, que vient l'heure du repentir et de la prière insensée, parce qu'incapables de faire un choix raisonnable, vous n'avez pas pu lutter contre Alexandre. Non, cela ne sert à rien, ni pour les Thébains, ni pour toi : la fin est proche! Je veux moi-même, à l'instant, mettre le feu à Thèbes; quant à toi, Isménias, excellent flûtiste, devant ta demeure à demi consumée, je t'ordonne de chanter sur ton double instrument la conquête de la Béotie. »

Sur ces mots, Alexandre ordonna à ses troupes de démolir les remparts aux sept portes et la cité thébaine. A nouveau le Cithéron dansait de joie devant la ruine des Thébains et l'Isménos roulait des flots de sang. Les remparts et la cité de Thèbes étaient jetés à bas. Dans les larmes et dans le sang, hommes et murs s'effondraient, et la terre, sous le choc, répercutait de sourds gémissements et mugissait des profondeurs de ses entrailles. Isménias au milieu des ruines jouait de son double instrument, ainsi que l'avait ordonné Alexandre de Macédoine. Tous les murs de Thèbes tombaient, et la demeure de Lycos, et la maison de Labdacos. Alexandre, par respect pour l'éducation qu'il avait reçue, épargna seulement la maison de Pindare, celle où il était venu enfant se familiariser avec l'art des Muses en suivant les leçons du vieux poète lyrique[78].

Beaucoup donc furent tués pour leur patrie. Alexandre laissa quelques survivants, auxquels il retira le nom de Thébains. Il déclara en effet que Thèbes ne s'appelait plus Thèbes, que cette ville n'existait plus et que ces hommes n'avaient pas droit à un nom. Tel fut l'étrange destin de la cité de Thèbes : lors de sa construction, Amphion, le joueur de lyre, aida de ses mélodies à l'achèvement des murs, et Isménias accompagna leur chute. Élevés grâce à la musique, ils furent aussi détruits par elle. Presque tous les Thébains périrent avec leur cité. Quant aux quelques survivants, Alexandre fit proclamer que, dans quelque cité qu'ils aillent, ils seraient apatrides. Puis il fit route vers les autres villes.

Les survivants de Thèbes envoyèrent à Delphes une délégation pour apprendre de l'oracle si leur ville serait un jour reconstruite. Apollon leur fit cette réponse :

> Hermès, Alcide et Polydeukès le pugiliste,
> tous trois en luttant te relèveront, Thèbes[79].

Après cette réponse, les Thébains étaient dans l'attente de ce que leur réservait l'avenir.

Alexandre se rendit à Corinthe et s'y arrêta au moment des jeux Isthmiques[80]. Les Corinthiens l'invitèrent à présider les Jeux. Alexandre accepta et prit place. Les concurrents se présentèrent et Alexandre couronna les vainqueurs ; il offrit aussi des présents à ceux qui avaient bien lutté. Un des athlètes, homme étonnant, d'origine thébaine, nommé Clitomaque, s'était inscrit à trois épreuves : la lutte, le pancrace et le pugilat. Sur le stade déjà, à la lutte, il avait, grâce à des tours variés, renversé ses adversaires ; il fut donc félicité par Alexandre. Comme il venait recevoir sa couronne, celui-ci lui dit : « Si tu gagnes les deux autres épreuves auxquelles tu t'es inscrit, je te donnerai les trois couronnes et je t'accorderai ce que tu me demanderas. » Et comme en plus de sa victoire à la lutte, il l'avait emporté aussi au pugilat et au pancrace, il se présenta devant Alexandre pour recevoir les trois couronnes. L'homme qui devait l'annoncer lui demanda : « Comment t'appelles-tu, de quelle cité es-tu ? que je te présente. » Il répondit : « Je m'appelle Clitomaque, mais je n'ai pas de cité. » Le roi demanda : « Noble athlète, renommé comme tu l'es, toi qui as remporté trois victoires sur le même stade, à la lutte, au pancrace et au pugilat, toi qui as reçu de moi les couronnes d'olivier, tu n'as pas de cité ? » Clitomaque répondit : « J'en avais une avant l'arrivée du roi Alexandre, mais depuis son passage, j'ai perdu ma patrie. » Alexandre comprit ce qu'il voulait dire et ce qu'il allait demander. Il lui dit : « Thèbes sera reconstruite en l'honneur de trois dieux, Hermès, Héraclès et Polydeukès : c'est un don que je te fais avant que tu ne m'en pries. » Ainsi s'accomplit l'oracle d'Apollon :

Hermès, Alcide et Polydeukès le pugiliste,
tous trois en luttant te relèveront, Thèbes.

De Corinthe, Alexandre se rendit à Platée, cité athénienne où l'on vénère Coré[81]. Il entra dans le sanctuaire alors qu'on tissait pour la déesse un manteau sacré. Il regarda le travail, puis interrogea la prêtresse qui répondit : « Tu es entré au bon moment, très grand roi : dans chaque cité tu seras remarqué et brillant. » Alexandre lui offrit de l'or en récompense. Quelques jours plus tard, Stasagoras, stratège de Platée, entra dans le sanctuaire de la déesse et la prêtresse lui dit : « Stasagoras, tu vas être destitué. » Irrité, celui-ci répliqua : « Indigne prophétesse ! Quand Alexandre est entré ici, tu l'as glorifié, et à moi, tu m'annonces ma destitution ! » La prêtresse lui dit : « Ne te fâche pas : les dieux, par des signes, révèlent tout aux hommes, surtout s'ils sortent du commun. Alexandre est entré ici au moment précis où l'on allait tisser les fils de couleur pourpre dans le vêtement de la déesse[82]. C'est pourquoi je lui ai parlé comme je l'ai fait. Quand tu es entré, toi, le vêtement était achevé et l'on abaissait le métier. Il faut donc te rendre à l'évidence : tu vas être destitué. » Stasagoras lui interdit alors d'exercer son sacerdoce en disant : « C'est pour toi qu'était le présage ! » Dès qu'Alexandre apprit cela, il releva Stasagoras de ses fonctions et rétablit la prêtresse dans les siennes[83].

En cachette d'Alexandre, Stasagoras se rendit à Athènes et expliqua en pleurant aux Athéniens comment il avait été destitué — car c'étaient eux qui l'avaient nommé stratège à cet endroit. Ceux-ci, saisis d'indignation, prononcèrent à l'égard d'Alexandre des paroles pleines de mépris[84]. Quand Alexandre l'apprit, il leur adressa la lettre suivante :

« Voici ce que le roi Alexandre déclare aux Athéniens : A la mort de mon père, j'ai hérité du royaume. J'ai adressé des lettres aux villes et à la plupart des régions de l'Ouest pour régler leur situation ; leurs habitants étaient assurément disposés à se rallier à moi : j'ai accepté leur soutien et je les ai engagés à conserver leurs propres institutions et à rester chez eux. Mes compatriotes et amis, les Macédoniens, m'ont proclamé roi avec enthousiasme et, aidé par ces hommes de cœur, j'ai réglé la situation des pays d'Europe. Les Thébains se sont mal conduits, je les ai anéantis et j'ai détruit leur ville jusque dans ses fondements. En route maintenant pour l'Asie, je demande aux Athéniens de bien m'accueillir. Je prends les devants en vous adressant cette lettre où je vais directement à l'essentiel : je ne multiplierai pas, comme vous avez coutume de le faire, discours et messages. Ce n'est pas à ceux qui sont assujettis mais aux maîtres de donner des ordres et d'agir — ce qui revient à dire que vous devez m'obéir, à moi, Alexandre. En l'occurrence, soyez plus forts que moi ou soumettez-vous à plus fort que vous. Vous paierez chaque année un tribut de mille talents. »

Les Athéniens lurent la lettre et y firent cette réponse :

« La cité d'Athènes et ses dix meilleurs orateurs[85], à Alexandre : Grande était notre peine quand ton père était en vie et grande fut notre joie lorsqu'il mourut, ce Philippe trois fois maudit ! Nous sommes à ton égard dans les mêmes dispositions, présomptueux fils de Philippe. Tu exiges des Athéniens un tribut annuel de mille talents : c'est bien parce que tu veux la guerre que tu as en tête cette pensée hardie. Eh bien, si vraiment tu as quelque chose dans la tête, arrive : nous sommes prêts[86]. »

Le roi Alexandre répondit aux Athéniens :

« Je vous ai déjà envoyé sans attendre notre Léon, avec mission de couper vos langues et de me les rapporter : il devait vous débarrasser de vos orateurs insensés pour les empêcher de vous induire en erreur. Faudra-t-il que j'aille moi-même vous livrer aux flammes, vous et votre alliée Athéna, puisque vous n'obéissez pas à mes ordres ? Remettez-moi donc vos dix premiers orateurs ; je réfléchirai alors à votre intérêt et j'aurai pitié de votre patrie. »

Les Athéniens répondirent qu'ils refusaient. Le lendemain, ils se réunirent en assemblée pour examiner la conduite à suivre[87]. L'orateur Eschine se leva et prit la parole : « Athéniens, dit-il, pourquoi tardez-vous à prendre une décision ? Si vous souhaitez nous envoyer en délégation, nous irons avec confiance. Certes, Alexandre est le fils de Philippe. Mais Philippe, élevé dans les guerres, y avait appris l'arrogance ; Alexandre, au contraire, a reçu les leçons d'Aristote et, en homme civilisé, il nous a tendu la main. Quand il verra ses professeurs, il réfléchira ; il rougira devant ceux qui l'ont formé dans l'art de régner et changera en bienveillance ses sentiments à notre égard. »

Tandis qu'Eschine parlait, Démade, un orateur au cœur noble, se leva et l'interrompit : « Jusqu'à quand, Eschine, nous adresseras-tu des discours pleins de mollesse et de lâcheté, qui visent à nous dissuader de combattre Alexandre ? Quel démon te possède pour que tu parles de la sorte ? Toi qui as prononcé jadis de si beaux plaidoyers, qui as exhorté les Athéniens à la guerre contre le roi des Perses, voici que maintenant tu les engages à la lâcheté, tu les fais trembler devant un jeune tyran arrogant qui a hérité de la morgue de son père ? Pourquoi craindre de l'affronter ? Nous avons repoussé les Perses, écrasé les Lacédémoniens, vaincu les Corinthiens ; nous avons aussi mis en fuite les Mégariens, nous nous sommes battus contre les Phocéens, nous avons dévasté l'île de Zacynthe — et nous avons peur d'une guerre contre Alexandre ? Eschine nous dit : “Il n'oubliera pas l'éducation qu'il a reçue de nous, en nous voyant il aura honte.” Ridicule ! Il nous a méprisés tous, il a relevé Stasagoras du poste de stratège sur lequel nous l'avions nommé et il a fait stratège en chef mon ennemi Hippothoon — cela dans une cité qui est sous notre dépendance. Déjà, de son propre chef, il s'est fait juge à Platée. Tu dis qu'il aura honte quand il nous verra ? Dis plutôt que, nous trouvant sans défense, il nous châtiera ! Faisons la guerre à ce fou au lieu de lui faire confiance. Voyez l'âge qu'il a : la jeunesse n'est pas fiable, elle sait se battre vaillamment mais ne sait réfléchir correctement. Eschine dit encore : “Il a anéanti la ville de Tyr.” Bien sûr, les Tyriens n'étaient pas forts. Il a aussi écrasé les Thébains qui, eux, étaient forts mais se trouvaient affaiblis par les nombreuses guerres qu'ils avaient menées. Il a soumis les Péloponésiens — non, ce n'est pas lui, ce sont la famine et la peste qui ont eu raison d'eux. Quoi qu'il en soit de tout cela, Xerxès a construit un mur de vaisseaux sur la mer, répandu ses armées sur la terre entière, voilé le ciel de ses flèches et rempli la Perse de prisonniers de guerre. Pourtant, nous l'avons repoussé, nous avons incendié ses vaisseaux. Cynégire, Antiphon, Mnésochare et bien d'autres braves participaient au combat. Et maintenant, nous avons peur d'une guerre contre Alexandre, un enfant plein de morgue, qui est entouré de satrapes et de guerriers encore plus fous que lui ? Vous voulez lui envoyer les dix orateurs qu'il a réclamés ? Demandez-vous si c'est vraiment utile. Sachez bien ceci, Athéniens : il suffit souvent de dix chiens capables d'aboyer haut et fort pour sauver toutes les brebis du troupeau qui, elles, se laissent lâchement entraîner dans la gueule du loup. »

Après cette intervention de Démade devant l'assemblée, les Athéniens demandèrent à Démosthène, qui se levait pour parler, de les conseiller sur le salut public. Démosthène se leva donc et leur dit : « Citoyens — je ne dirai pas Athéniens, comme je l'aurais fait si j'avais été un étranger parmi vous — c'est notre salut à tous qui est maintenant en jeu : ferons-nous la guerre ou céderons-nous à Alexandre ? Eschine vous a adressé un discours modéré, sans vous encourager à la guerre, sans s'y opposer non plus : c'est un homme âgé, qui a déjà pris la parole dans de nombreuses assemblées. Ensuite, le jeune Démade vous a parlé selon son âge : "Nous avons repoussé Xerxès, avec Cynégire et d'autres braves." Mais, Démade, redonne-nous ces hommes aujourd'hui et nous combattrons de nouveau, confiants en leur vaillance. En revanche, si nous n'en retrouvons pas de pareils, évitons la guerre, car chaque époque a ses forces et ses contraintes particulières. Nous, les orateurs, nous pouvons prononcer des discours devant le peuple ; mais nous sommes incapables de prendre les armes. Xerxès avait certes une nombreuse armée, mais c'était un Barbare et l'intelligence grecque l'a vaincu. Alexandre, lui, est grec ; sur les treize guerres qu'il a déjà entreprises, il n'a jamais été vaincu et, qui plus est, la plupart des villes lui ont ouvert leurs portes sans combat. Démade dit que les Tyriens étaient faibles : ils avaient pourtant gagné une bataille navale contre Xerxès et avaient incendié ses vaisseaux. Les Thébains sans force ? Comment donc ? Eux qui sont en guerre depuis la fondation de leur ville et qui n'avaient jamais été vaincus, les voilà esclaves d'Alexandre. Les Péloponésiens vaincus par la faim et non par Alexandre ? Mais non : Alexandre leur a fait envoyer du blé depuis la Macédoine ; et quand son satrape Antigonos lui a demandé : "Tu envoies du blé à ceux que tu t'apprêtes à combattre ?", le Macédonien a répondu : "Bien sûr : je veux vaincre des combattants, non des hommes morts de faim !" Et maintenant, vous êtes scandalisés parce qu'il a relevé Stasagoras de son poste ? Mais c'est Stasagoras qui, le premier, s'est rendu coupable de rébellion, quand il a dit à la prêtresse : "En vertu de ce présage, c'est moi, vois-tu, qui te démets de tes fonctions !" Alexandre, voyant là une preuve de folie, l'a relevé de sa charge de stratège. Le roi n'avait-il pas raison d'être scandalisé ? Mais, dira Démade, Stasagoras avait autant qu'Alexandre le droit d'intervenir : un stratège est l'égal d'un roi. Eh bien alors, pourquoi reprochez-vous à Alexandre d'avoir renvoyé Stasagoras ? Mais parce qu'il était athénien ! Et la prophétesse que Stasagoras a chassée, n'était-elle pas athénienne ? Alexandre, en fait, vous a rendu justice : il a permis à votre prophétesse de prophétiser à nouveau. »

Ce discours de Démosthène devant les Athéniens souleva un concert de louanges et un grand brouhaha. Démade ne disait rien ; mais Eschine se ralliait, Lysias témoignait en faveur de cette opinion, Platon la partageait ; les Amphictyons se prononçaient pour ce parti, Périclès ne s'y opposait pas et le peuple, unanime, approuvait les paroles de Démosthène[88]. Celui-ci reprit : « Je voudrais encore préciser ceci : Démade nous rappelle que Xerxès a construit un mur de vaisseaux sur la mer, qu'il a répandu ses armées sur la terre, voilé le ciel de ses flèches et rempli la Perse de prisonniers grecs. Serait-il donc devenu normal, aujourd'hui, que des Athéniens admirent un Barbare parce qu'il a capturé des Grecs et les a faits prisonniers ? Alexandre, lui, en Grec qu'il est, a certes capturé des Grecs qui lui résistaient; mais au lieu de les traiter comme des prisonniers de guerre, il a préféré se concilier ses anciens ennemis pour la suite de ses campagnes, déclarant publiquement : "Je veux être le maître de tous, faisant du bien à mes amis et des amis de mes ennemis." Vous êtes, Athéniens, les amis et les éducateurs d'Alexandre : vous ne pouvez vous déclarer ses ennemis. Vous qui avez assuré son éducation, vous vous comporteriez comme des sots, tandis que votre élève montrerait plus de sagesse que ses maîtres? Quelle honte pour vous! Aucun souverain grec n'avait encore mis le pied sur la terre d'Egypte; Alexandre, lui, l'a fait, non pour y porter la guerre mais pour demander à l'oracle où fonder une ville qui garderait éternellement son nom. A peine eut-il reçu une réponse qu'il a fait creuser des fondations et construire la ville. Toute l'entreprise a été menée dès le début avec tant de zèle qu'elle sera vite achevée, cela est évident. A son arrivée, il a trouvé l'Egypte sous domination perse. Les Egyptiens voulaient prendre les armes pour combattre avec lui contre les Perses; mais, plein de sagesse malgré son jeune âge, il leur a répondu : "Il vaut mieux que vous, Egyptiens, vous vous occupiez des crues du Nil et de la mise en valeur de la terre plutôt que de revêtir l'équipement du fougueux Arès." Ainsi, en quelques mots, il a soumis l'Egypte, et il se rendra sans peine maître de la terre entière. Car un roi n'est rien s'il ne dispose d'une terre qui assure sa subsistance. Alexandre a été le premier des Grecs à prendre l'Egypte : il est ainsi devenu le premier des Grecs et des Barbares[89]. Car combien d'armées ce pays ne pourra-t-il entretenir? Non seulement des armées stationnées dans les environs mais aussi des armées en campagne. Et combien de cités vides ne pourra-t-il pas peupler? Ce pays est aussi riche en hommes qu'en blé, et tout ce que le roi lui demandera, il s'empressera de le lui prodiguer : s'il veut des soldats, on les lui donnera; s'il a besoin de blé, il y a là de quoi lui en fournir en abondance; s'il veut de l'or, il le collectera sous forme d'impôt. Et vous voulez, vous, Athéniens, partir en guerre contre Alexandre qui dispose de tant de ressources pour subvenir à tous les besoins de son armée ? Si cela vous fait plaisir et si vous en avez envie, allez-y. Mais ce n'est vraiment pas le moment ! »

Après cette harangue de Démosthène, tous furent d'accord pour envoyer à Alexandre une couronne de vainqueur de cinquante livres, ainsi que des décrets d'actions de grâces. On délégua des ambassadeurs prestigieux mais qui n'étaient pas les orateurs. Les ambassadeurs se rendirent à Platée et remirent leurs messages au roi[90]. Celui-ci les lut et après avoir pris connaissance du plaidoyer d'Eschine, de la harangue de Démosthène et du conseil des Amphictyons, il adressa aux Athéniens cette lettre :

« De la part d'Alexandre, fils de Philippe et d'Olympias — je ne m'appellerai pas roi tant que je n'aurai pas soumis tous les Barbares aux Grecs. Si je vous ai demandé de m'envoyer vos dix orateurs, ce n'était pas pour les châtier mais pour saluer en eux mes éducateurs. J'ai évité de venir jusqu'à vous avec mon armée pour que vous ne me preniez pas pour un ennemi : j'ai préféré les orateurs aux soldats afin de vous ôter toute crainte. Mais vous avez envers moi d'autres dispositions ; j'en ai pour preuve les choix absurdes que vous avez faits à l'égard des Macédoniens, chaque fois que l'occasion de prendre parti s'est présentée. Quand mon père Philippe était en guerre contre les habitants de Zacynthe, vous vous êtes alliés à eux ; mais quand vous, vous avez été attaqués par les Corinthiens, les Macédoniens vous ont soutenus et les ont repoussés. Tandis que nous élevions en Macédoine une statue d'Athéna en bronze, vous retiriez des temples d'Athènes les portraits de mon père. Nous avons été bien payés de ce que nous avons fait pour vous ! Vous avez eu une conduite déloyale ; c'est pourquoi vous vous méfiez de mes projets et vous comportez comme des lâches : vous craignez, maintenant que je suis devenu roi, que je ne m'emporte et ne tire vengeance de vous. Assurément, c'est ce que j'aurais fait si je n'étais pas moi-même un Athénien. Cette façon de penser vous est naturelle, je le comprends. Car quand avez-vous bien traité ceux qui s'étaient illustrés parmi vous ? Après les excellents conseils qu'Eukleidès vous avait donnés, vous l'avez jeté en prison. Vous avez banni Démosthène qui avait su défendre votre intérêt auprès de Cyrus. Vous avez humilié Alcibiade qui s'était montré bon stratège. Vous avez tué Socrate, le maître à penser de la Grèce[91]. Vous n'avez su aucun gré à Philippe de vous avoir soutenu pendant trois guerres. Maintenant vous blâmez Alexandre pour l'affaire du stratège Stasagoras, alors qu'il nous a outragés, vous et moi : lui a destitué la prêtresse du dieu qui était athénienne ; moi, je lui ai rendu sa charge. Nous apprécions les plaidoyers que vos orateurs ont prononcés devant vous : Eschine vous a donné de bons conseils, Démade a parlé avec noblesse, Démosthène a bien vu votre intérêt. Vous resterez donc Athéniens. Vous n'avez rien à craindre de ma part : c'est au nom de la liberté que je mène mon combat contre les Barbares ; il serait absurde que je détruise Athènes, le théâtre de la liberté ! »

Alexandre envoya cette lettre puis, à la tête de ses troupes, se rendit à Lacédémone[92]. Les Lacédémoniens, qui voulaient montrer leur bravoure et faire honte aux Athéniens d'avoir eu peur d'Alexandre, fermèrent les portes de leur ville et occupèrent leurs bateaux ; car ils étaient meilleurs guerriers sur mer que sur terre. Alexandre, ayant eu connaissance de ces préparatifs, commença par leur envoyer cette lettre :

« Alexandre écrit ceci aux Lacédémoniens : Pour le moment, je vous conseille de préserver la réputation que vous tenez de vos ancêtres. Je vous adresserai plus tard les salutations d'usage si vous vous en montrez dignes. Vaillants citoyens, guerriers invincibles, veillez donc à ne pas perdre aujourd'hui votre glorieuse renommée : prenez garde, en voulant faire montre de votre force aux yeux des Athéniens, de ne pas vous attirer leurs moqueries pour avoir été vaincus par Alexandre. Quittez donc de vous-mêmes vos bateaux si vous ne voulez pas y être brûlés vifs. »

Après avoir lu cette lettre, les Lacédémoniens, refusant de céder, se lancèrent dans la bataille : ceux qui combattaient devant les remparts périrent par les armes, ceux qui se tenaient sur les bateaux furent brûlés. Les survivants se présentèrent en suppliants et demandèrent à ne pas être faits prisonniers. Alexandre leur répondit : « Je vous ai fait des propositions, vous ne m'avez pas écouté. Et maintenant que vos bateaux sont en cendres, vous venez me supplier! Toutefois, je ne vous en veux pas : vous aviez en tête votre victoire sur Xerxès, et vous pensiez réussir de même avec Alexandre. Mais vous n'avez pu résister à nos armes. » S'étant ainsi expliqué, Alexandre offrit un sacrifice avec ses stratèges; il n'attaqua pas Lacédémone et n'y leva pas de tribut. Il se dirigea ensuite vers les territoires barbares en passant par la Cilicie.

Darius convoqua ses généraux et leur dit : « A ce que je vois, notre ennemi enrôle de nouveaux soldats et devient de plus en plus puissant. Moi-même, j'ai prêté à Alexandre des pensées de brigand; mais ses actes sont ceux d'un roi. Forts de notre nombre, nous nous croyions grands, nous les Perses : mais Alexandre, par son audace, se montre encore plus grand que nous. Je lui ai vite envoyé un fouet et une balle, lui disant d'aller jouer et se faire éduquer; mais son éducation est accomplie et il va prendre les armes contre moi qui voulais lui faire la leçon. Examinez donc ce qu'il convient de faire pour le salut de tous; voyez comment redresser la situation, et surtout ne comptez pas Alexandre pour rien! Nous craignons en effet que le grand ne se révèle plus faible que le petit, pour peu que les circonstances et la Providence divine changent le cours des choses. Nous devons renoncer à la Grèce pour garder le commandement de nos peuples; en cherchant à la récupérer contre une rançon, nous risquerions de perdre aussi la Perse[93]. »

Ainsi parla Darius. Son frère Oxyathrès intervint :

— Voilà maintenant que tu grandis Alexandre et que tu lui prêtes trop d'audace! Il marchera contre la Perse si tu abandonnes la Grèce. Imite-le donc toi-même, et ainsi tu resteras maître de ton royaume. Lui n'a pas confié la guerre à ses stratèges comme toi à tes satrapes : il y a pris part en personne, lui-même stratège et commandant en chef, au premier rang, devant ses soldats ; pour combattre, il dépose ses insignes royaux ; après la victoire, il se coiffe à nouveau de sa couronne.

— En quoi dois-je l'imiter ? demanda Darius.

— Voici, intervint un des assistants, comment Alexandre a réussi à dominer partout : il n'a jamais rien fait traîner, et il a tout mené lui-même avec noblesse — noblesse que reflète vraiment son allure de lion.

— Comment sais-tu cela ? s'étonna Darius.

— C'est depuis que tu m'as délégué en Macédoine auprès de son père Philippe pour réclamer le tribut : c'est là que j'ai découvert son intelligence et son aspect physique. Envoie donc chercher les satrapes de tout le continent : tu as à ta disposition les Perses, les Parthes, les habitants de l'Elam, les Babyloniens, les Mésopotamiens, les Illyriens, sans parler des peuples de la Bactriane, de l'Inde ou du royaume de Sémiramis — en tout cent quatre-vingts peuples. Enrôle-les dans ton armée et, au besoin, implore l'aide des dieux ! Avec notre force barbare et notre armée innombrable, nous pouvons frapper d'effroi nos ennemis.

— Tu as bien parlé, dit un autre, mais tes conseils ne valent rien : il suffit d'une seule idée aux Grecs pour triompher de la multitude des Barbares, de même qu'un chien de Laconie peut chasser à lui seul tout un troupeau de moutons[94].

Après cette délibération, Darius entreprit de rassembler son immense armée.

Alexandre cependant faisait route à travers la Cilicie. Il parvint au bord du fleuve Océan, qui roule des eaux pures et limpides[95]. Désirant s'y baigner, il se déshabilla et plongea dans le fleuve. Mais le bain ne lui réussit pas : à peine fut-il sorti de l'eau qu'il eut mal à la tête. Comme il était souffrant et qu'il restait couché, les Macédoniens se désolaient : ils craignaient que Darius n'apprenne la maladie d'Alexandre et n'en profite pour attaquer leur camp — tant le courage de tous tenait à sa personne ! Un certain Philippe, médecin très aimé d'Alexandre, lui assura qu'il le sauverait avec une potion. Il se mit à la préparer. C'est alors qu'on remit à Alexandre une lettre envoyée par Parménion, un de ses stratèges, selon laquelle Philippe s'était laissé corrompre par Darius : il devait, s'il en avait l'occasion, faire mourir Alexandre avec un remède; Darius avait promis de lui donner en mariage sa propre sœur, Dadipharté, et de l'associer à son règne. « Méfie-toi donc de Philippe! » concluait Parménion[96]. Alexandre lut cette lettre et n'en fut point troublé car il connaissait les sentiments de Philippe. Il la déposa sous son oreiller. Le médecin arriva et présenta son remède à Alexandre. Celui-ci prit la coupe et regarda longuement Philippe. Philippe lui dit : « Roi, mon maître, n'aie pas peur : ce remède ne peut te faire de mal. » Alors Alexandre porta la coupe à ses lèvres et la vida. Puis il donna la lettre à Philippe. Celui-ci lut les accusations portées contre lui et dit : « Alexandre, tu verras que je ne suis pas le personnage décrit ici. » Quand Alexandre fut guéri de sa maladie, il embrassa Philippe : « Tu as vu, dit-il, quelle opinion j'avais de toi; j'ai bu avant de te remettre la lettre car ton nom m'inspire confiance : je savais qu'un Philippe ne pouvait vouloir de mal à Alexandre. » Philippe répondit : « Alexandre, châtie maintenant celui qui t'a envoyé cette lettre; car lui-même a cherché à me persuader d'agir ainsi et de prendre en mariage la sœur de Darius. J'ai refusé, et vois par quelle machination il a entrepris de me perdre! » Alexandre fit une enquête, reconnut que Parménion était coupable et le châtia.

Reprenant la tête de son armée, il se dirigea vers le pays des Mèdes et la Grande Arménie. Il soumit les populations, puis fit route pendant quelques jours dans des régions sans eau et creusées de ravins. Il traversa l'Arie et parvint à l'Euphrate[97]. Là, il fit construire un pont sur le fleuve, avec des arches et des jambages de fer, et ordonna aux soldats de passer. Mais ceux-ci avaient peur; Alexandre fit donc traverser d'abord les mulets, les moutons et les chariots de vivres. Et comme les troupes étaient toujours effrayées par le courant et craignaient qu'il n'emporte les arches du pont,

Alexandre, entraînant ses gardes du corps, passa le premier.

Le Tigre et l'Euphrate sont deux fleuves qui parcourent la Mésopotamie et traversent Babylone avant de se jeter dans le Nil. On dit en effet que ces fleuves se vident quand la crue du Nil arrive en Egypte et qu'inversement, quand les eaux du Nil se retirent, eux se remplissent[98].

Quand tout le monde eut traversé, Alexandre fit défaire le pont jeté sur l'Euphrate. Les soldats n'étaient pas rassurés : « S'il nous faut revenir en arrière, disaient-ils, comment ferons-nous pour passer le fleuve ? » Alexandre les entendit ; il convoqua les généraux et tous les soldats et leur dit : « Vous me donnez de beaux espoirs avec de pareilles idées ! Ce que je veux, moi, c'est que nous nous battions jusqu'à la victoire ou, si nous sommes vaincus, que nous mourions. Notre guerre n'est pas une guerre de fuyards mais d'attaquants. Je le jure par mon propre retour en Macédoine : nous ne rentrerons en Grèce qu'après avoir vaincu les Barbares. Ayez seulement de l'audace, la guerre sera pour vous un jeu d'enfant ! » Ce discours énergique valut à Alexandre une grande estime de la part de ses troupes. Les Macédoniens dressèrent leurs tentes. Les troupes de Darius, elles aussi, avaient installé leur camp sur une hauteur au bord du Tigre ; elles étaient placées sous le commandement de cinq satrapes. Les armées s'affrontèrent, et des deux côtés on combattit vaillamment[99]. Un soldat perse, qui avait pris l'armement des Macédoniens pour faire croire qu'il en était un, s'approcha d'Alexandre par-derrière, lui asséna un coup d'épée sur la tête et brisa son casque. Les soldats se saisirent de lui et le firent comparaître devant Alexandre. Celui-ci lui demanda :

— Valeureux guerrier, pourquoi as-tu fait cela ?

— Maître, répondit le soldat, ne me prends pas pour un Macédonien. Je suis perse et j'ai promis à Darius de te couper la tête, en échange de quoi il m'honorera d'un présent : il m'a promis des terres royales et sa fille.

Alexandre, entendant cela, convoqua l'armée entière

et, devant tous, il libéra le Perse en disant : « Macédoniens, prenez exemple sur lui ! »

Comme les Barbares manquaient de vivres, ils partirent s'approvisionner en Bactriane. Alexandre se rendit maître de la région et s'y installa. Un autre satrape de Darius vint alors le trouver à ses risques et périls.

— Maître, dit-il, Alexandre, je suis un satrape de Darius et je lui ai rendu de grands services, mais il ne m'en a pas su gré. Donne-moi donc dix mille hommes et je te livre nos soldats, nos satrapes et Darius lui-même.

— Va-t'en servir ton roi, répliqua Alexandre, je ne confierai pas des étrangers à un homme qui trahit les siens !

Les satrapes en poste dans la région écrivirent à Darius :

« Hydaspès et Spinther saluent le grand dieu Darius. Nous t'avons déjà informé de la progression d'Alexandre, nous te faisons part maintenant de son arrivée ici. Il assiège le pays et a déjà tué la plupart d'entre nous. Nous-mêmes sommes en grand danger. Arrive donc au plus vite avec ton armée pour contrer son avance. L'armée macédonienne est puissante, elle l'a prouvé. Porte-toi bien. »

Quand Darius eut reçu et lu cette lettre, il écrivit à Alexandre :

« Darius à Alexandre : Tu nous as adressé une lettre insolente, dans laquelle tu nous sommes de venir à ta rencontre. Tu n'es pas ancré ici depuis assez longtemps pour que les dieux de l'Orient passent à l'Occident ! Je les prends à témoin de ce que tu m'as fait. Pour moi, c'est comme si ma mère était retournée chez les dieux, comme si je n'avais jamais eu ni femme ni enfants. Pour cet outrage, je te poursuivrai sans relâche de ma vengeance. On m'a écrit que tu avais respecté les miens. Si tu voulais être vraiment juste, tu pouvais venir me trouver, moi, ton maître, pour demander pardon de toutes tes offenses. Mais puisque tu ne l'as pas fait, pourquoi honores-tu les miens comme des dieux ? Tu n'es pas tenu de les épargner. Maltraite-les, châtie-les :

ce sont les parents de ton ennemi ! Ce n'est pas en les traitant bien que tu gagneras mon amitié, ni en les traitant mal que tu susciteras ma haine : pour moi, c'est la même chose. Réponds-nous donc une dernière fois, fais-nous savoir ce que tu veux. »

Cette lettre fit sourire Alexandre qui répondit :

« Le roi Alexandre salue le roi Darius. Tes creux bavardages, tes égarements, ta folle vanité, les dieux les ont en horreur ! Ne cesseras-tu donc pas de blasphémer ? Ce n'est pas par crainte que j'ai respecté les tiens, ni dans l'espoir que tu viendrais nous remercier que je les ai bien traités. Je ne veux pas de tes remerciements : ma couronne ne vaut-elle pas la tienne[100] ? Ce n'est pas toi qui me feras renoncer à mes principes de piété et je traiterai les tiens avec d'autant plus de miséricorde qu'ils sont tombés du ciel sur la terre. Ceci est donc ma dernière lettre. Il me serait plus pénible de me rapprocher de toi que de te faire la guerre. »

Alexandre expédia sa lettre et se tint prêt. Il adressa à tous ses généraux le message suivant :

« Le roi Alexandre salue ses généraux en Syrie, en Cilicie, en Cappadoce, en Paphlagonie, en Arabie et ailleurs. Procurez-vous environ mille manteaux que vous enverrez à Antioche, en Syrie. Envoyez-y également toutes les peaux des bêtes que vous aurez tuées, afin qu'on puisse équiper les soldats de cnémides[101] et de sandales. Faites-moi parvenir les armes des arsenaux qui dépendent de vous ; il y en a une centaine. J'ai fait placer des chameaux tout le long de la route, de l'Euphrate à Antioche, pour assurer l'acheminement jusqu'ici. Portez-vous bien[102]. »

Un satrape écrivit à Darius pour lui rendre compte de la situation :

« Hoimétadès salue le dieu Darius. J'ai hésité à t'écrire mais les faits m'y contraignent. Je suis moi-même blessé, deux administrateurs de haut rang sont morts, Komarxès, blessé, est retourné chez lui. Nanias et les administrateurs qui étaient sous ses ordres sont passés à Alexandre en emportant les fonds qu'ils avaient collectés. Ils lui ont livré les terres royales avec les courtisanes qui s'y trouvaient, ils ont tué Olympias, la sœur de Mithridate, et ils ont incendié les champs[103]. »

Quand Darius apprit cela, il écrivit au satrape le plus proche, Pengalos, de se tenir prêt et de mettre ses troupes sur le pied de guerre. Il écrivit aussi aux rois des pays voisins : « Nous nous préparons à un rude combat pour repousser un certain peuple macédonien, et vous aussi devez entrer en lutte car je ne pense pas que ses actes d'audace aient lieu de vous réjouir. » Il ordonna également aux troupes de Kobarzès de se mettre en route et d'avancer le plus vite possible. Enfin, il écrivit à Poros pour lui demander son aide[104]. Celui-ci répondit :

« Le roi des Indes Poros salue le roi des Perses Darius. J'ai lu ta lettre et j'en ai été affecté; j'aurais grande envie de voir comment te venir en aide, mais une maladie persistante m'en empêche. Prends donc courage et sache que nous non plus, nous ne supportons pas une telle insolence. Ecris-nous ce que tu comptes faire. Toutes mes armées seront à ta disposition et les nations lointaines répondront à ton appel. »

Quand la mère de Darius apprit tout cela, elle lui envoya une lettre en cachette :

« Rodogune salue son fils Darius. J'ai appris que tu rassemblais tes troupes et que tu projetais un nouvel affrontement avec Alexandre. Ne livre pas le monde au trouble et à l'agitation. L'avenir est incertain. Renonce à l'espoir de vaincre, ne t'entête pas, tu perdrais la vie à coup sûr. Alexandre nous traite avec respect, il ne nous a pas fait périr bien que nous soyons les parents de son ennemi. J'espère donc que vous parviendrez à un bon accord. »

Quand Darius lut cette lettre, il pleura en pensant aux siens. Malgré le trouble de son âme, il fortifia la Bactriane pour s'en faire un rempart.

Alexandre approchait de Persépolis et les Macédoniens apercevaient déjà les hautes murailles qui entouraient la ville[105]. Il eut alors une idée ingénieuse : il ordonna qu'on rassemble les moutons qui paissaient dans les pâturages alentour, qu'on coupe des branches d'arbres et qu'on les attache à la queue des animaux. Puis il fit avancer le troupeau derrière l'armée : les branches, en traînant par terre, soulevaient un nuage de poussière extraordinaire qui s'élevait jusqu'au ciel — de quoi faire croire aux Perses qu'une foule innombrable marchait contre eux!

Arrivé à cinq milles de Persépolis[106], Alexandre songeait à envoyer un messager à Darius pour savoir quand ils se livreraient bataille. Or voici que, s'étant endormi, il vit en rêve le dieu Ammon sous l'apparence d'Hermès, tenant le caducée et vêtu du manteau et du petit bonnet de feutre macédonien : « Alexandre mon enfant, dit le dieu, quand tu as besoin d'aide, je suis auprès de toi pour te conseiller. Sache donc que si tu envoies un messager à Darius, il te trahira. Prends le risque d'être toi-même ton messager, avec le costume que tu me vois porter. Il est certes dangereux pour un roi d'être son propre messager; mais puisqu'un dieu t'assiste, tu ne courras aucun danger. » Tout heureux de ce présage, Alexandre se leva et en fit part à ses amis qui lui conseillèrent de s'y conformer.

Il se mit donc en route, emmenant avec lui un satrape de toute confiance, Eumèle, et trois bons chevaux, et parvint au bord du Stranga[107]. Quand ce fleuve est pris par les glaces, il a l'air d'être en pierre : troupeaux et chars le traversent; il dégèle brusquement avec le jour et se met alors à rouler des flots impétueux. Alexandre le trouva gelé. Ayant pris l'apparence du personnage qu'il avait vu en rêve, il enfourcha son cheval et s'apprêta à passer seul le fleuve. Eumèle voulait l'accompagner, au cas où il aurait besoin d'aide, mais il refusa : « Reste ici, lui dit-il, car j'ai pour m'assister celui qui m'a envoyé le présage. » Là-dessus, il traversa le fleuve qui avait un stade de large et, parvenu sur l'autre rive, continua sa route. Il arriva ainsi devant les portes de Persépolis. En voyant cette étrange apparition, les sentinelles qui étaient postées là crurent d'abord qu'il s'agissait d'un dieu; puis elles comprirent que c'était un messager d'Alexandre.

Darius cependant se trouvait sur une colline, occupé à donner des ordres à ses soldats par la voix de hérauts et à disposer ses bataillons, car il s'attendait à une attaque des Macédoniens. A sa vue, Alexandre fut saisi d'admiration et faillit se prosterner à ses pieds, le prenant pour le dieu Mithra qui serait descendu du ciel, paré de vêtements barbares. Il est vrai que Darius lui ressemblait. C'était un homme dans la force de l'âge ; il était assis, la tête couronnée d'un diadème de pierres précieuses, vêtu d'une tunique de soie à la mode babylonienne tissée de fils d'or, et d'un manteau de pourpre royal ; il portait des chaussures montantes dorées, ornées de pierreries, et tenait un sceptre. Il était entouré d'une multitude de hérauts, de guerriers armés de lances et de gens de toutes races. Les gardes amenèrent Alexandre devant lui. Quand Darius découvrit cet homme dans un costume qu'il n'avait jamais vu, il lui demanda qui il était :

— Je suis un messager d'Alexandre.

— Et quel message m'apportes-tu donc ?

— Je vais te le dire, comme si Alexandre en personne te le disait par ma voix : « Tu dois savoir, roi Darius, qu'un roi qui tarde à livrer bataille prouve par là à son adversaire que son cœur manque d'ardeur. Ne tarde donc pas et dis-moi quand tu veux engager le combat. »

— Ne serais-tu pas Alexandre, par hasard ? Tu parles avec tant de hardiesse que tu n'as rien d'un messager ; on dirait plutôt Alexandre lui-même ! Mais tu ne saurais me troubler. Puisqu'il est d'usage d'offrir un repas aux messagers — c'est ce qu'a fait Alexandre avec mes ambassadeurs — tu vas dîner avec moi.

Là-dessus, il prit Alexandre par la main droite et le mena dans son palais. Alexandre en son cœur interpréta cela comme le signe qu'il serait désormais plus fort que le roi et emporterait la victoire. Il entra donc dans les appartements de Darius et fut aussitôt convié à dîner.

A table, Darius occupait le premier lit, son frère Oxyathrès le second, et Ochos, satrape des Oxydraques, le troisième ; venaient ensuite Adoulitès, le gouverneur de Suse, Phraortès, et après lui Mithridate, à la sixième place. Les autres convives étaient Tiridatès, commandant des archers, Kandaulès à la peau noire comme la nuit, qui était prince d'Éthiopie, et à côté de lui, le puissant chef Polyarès. Et puis encore Orniphatos, Odionès, Kartérophotos, Sobaritès, Déléalcidès... En face d'eux, seul sur un lit, se tenait le meilleur de toute cette assemblée, le Macédonien.

Les Perses s'étonnaient de la petite taille d'Alexandre : ils ignoraient que dans un petit corps peut se déployer une force divine. Les échansons remplissaient les coupes sans interruption. Or, voici qu'au milieu du repas, Alexandre eut soudain une idée : chaque nouvelle coupe qu'on lui servait, il la dissimulait dans ses vêtements. Les échansons, remarquant son manège, avertirent Darius. Celui-ci se redressa sur son lit et lui demanda :

— Dis-moi, mon ami, pourquoi caches-tu ces coupes dans tes habits ?

— Parce que c'est ainsi qu'on fait chez mon maître Alexandre : quand il invite à dîner ses officiers et ses compagnons d'armes, il leur fait cadeau des coupes. J'ai cru que c'était aussi ton habitude et j'ai mis les coupes dans mon manteau comme on le fait chez mon roi. Mais, si tel n'est pas l'usage ici, reprends-les. En voyant cela, les Perses furent remplis d'admiration pour Alexandre — car une histoire inventée, si elle est vraisemblable, fait toujours de l'effet sur un auditoire !

Il se fit donc un grand silence. C'est alors qu'un des convives — un certain Parasangès, qui avait été gouverneur de Persépolis — eut l'impression de reconnaître Alexandre. Il le connaissait en effet de vue pour l'avoir rencontré en Macédoine, à Pella, au temps où Darius l'avait envoyé là-bas pour réclamer des tributs. Il se dit en lui-même : « Cet homme n'est-il pas celui qu'on appelle Alexandre ? Si, c'est sûrement lui. Il faut que j'examine bien ses traits. » Il l'observa soigneusement encore une fois et conclut : « Aucun doute, c'est lui : sa voix me le disait, et ces traits aussi sont les siens ! » Certain donc d'avoir reconnu Alexandre, il se pencha vers Darius et lui dit : « Tout puissant roi Darius, ce messager n'est autre qu'Alexandre lui-même, le fils de Philippe. » Quand il comprit qu'on l'avait reconnu, Alexandre profita de la confusion qui vint troubler ce repas royal : il se leva d'un bond, emportant les coupes d'or dans son manteau, et sortit en courant. A la porte du palais, il vit un Perse qui montait la garde, tenant des flambeaux allumés ; il s'en saisit, égorgea l'homme, puis, en toute hâte, enfourcha son cheval et s'enfuit. Les Perses, voulant capturer le fuyard, sortirent du palais et se lancèrent à sa poursuite. Mais Alexandre était protégé par le dieu ; il excitait son cheval en le frappant des talons et éclairait sa route avec la torche qu'il brandissait en avant, car la nuit était profonde. Ses poursuivants, eux, avançaient à l'aveuglette. Alexandre avait sa torche qui l'éclairait comme une étoile ; les autres se précipitèrent dans des ravins.

Darius cependant, assis sur son lit, déplorait son malheur. Il en vit soudain sous ses yeux un autre signe indubitable : le plafond se fendit et un portrait de Xerxès qu'il aimait beaucoup tomba à terre. Le Macédonien, lui, avançait toujours ; il parvint, épuisé, au bord du Stranga. Il le traversa et atteignit la rive opposée, qui était très escarpée. Et là, alors que le cheval n'avait encore que les jambes de devant sur la terre ferme, la glace céda : le cheval fut emporté par le courant, mais il jeta Alexandre à terre, lui sauvant la vie. Quand les Perses arrivèrent au fleuve, ils comprirent qu'il avait réussi à le traverser ; ne pouvant rien faire — car il est impossible de naviguer sur le Stranga — ils rebroussèrent chemin et allèrent informer Darius de la chance qu'avait eue Alexandre. Alexandre, lui, se remit de son émotion et de sa course. Après avoir marché un peu à pied, il retrouva son compagnon Eumèle, qui s'inquiétait et se désolait, et lui raconta ce qui s'était passé.

Alexandre se remit donc de son aventure. Le matin même, il réunit ses soldats et se tint au milieu d'eux, tel Zeus passant en revue les divinités célestes. Comme il avait pu évaluer le nombre des soldats de l'armée perse, il compta aussi les siens : il en trouva en tout cent vingt mille. C'était peu, certes, mais fort de son ingéniosité, il avait confiance. Il monta sur une petite hauteur et encouragea son armée : « Soldats, compagnons et amis, je sais que nous sommes peu nombreux. Mais ne nous laissons pas troubler ; grâce à votre vaillance, vous triompherez de nos adversaires à un contre cent, tant ils sont mous ! Ils sont comme les mouches : à plusieurs milliers, elles forment une nuée dans l'air ; mais quand des guêpes arrivent sur elles, le bourdonnement de leurs ailes a vite fait de les chasser. Leur nombre n'est que nombre ; devant les guêpes, elles ne sont plus rien. » Ces paroles du roi soulevèrent les acclamations de tous.

Après avoir avancé à travers des terres incultes, par des chemins à peine tracés, Alexandre découvrit la multitude de l'armée perse qui s'était installée sur les collines près du Stranga. Quand Darius vit les troupes d'Alexandre si peu nombreuses, il s'en moqua et les compta pour rien. Comme le fleuve était gelé, il le traversa pour les affronter et envoya des hérauts appeler au combat[108]. D'un côté, il y avait la foule innombrable des Perses, avec des chars armés de faux ; de l'autre, Alexandre à la tête des Macédoniens, monté sur le cheval Bucéphale — un cheval que nul ne pouvait approcher car il avait en lui une puissance divine. Quand donc la trompette eut sonné de part et d'autre le signal de l'affrontement, il s'éleva des deux armées un grand cri et un grand fracas. On se lança hardiment dans la bataille : certains se défendaient à coups de pierre, d'autres voilaient le ciel d'une nuée de flèches, d'autres maniaient l'épée avec rage. Beaucoup périrent et des gémissements montaient de toutes parts. Certains avaient la tête tranchée ; d'autres gisaient à terre à moitié égorgés. Comme de nombreux Perses trouvaient là une mort funeste, Darius lui-même, sur son char, tourna bride et toute la multitude des Perses se précipita dans la fuite. Et comme les nombreux chars à faux allaient trop vite, ils fauchaient les soldats à pied comme la moissonneuse fauche les blés. Quand Darius arriva au bord du Stranga, il le trouva gelé et traversa. Mais quand le reste de l'armée arriva pour passer, la couche de glace se rompit et le fleuve les emporta tous. Ceux qui n'étaient pas arrivés à temps pour traverser furent tués par les Macédoniens.

Quand Darius, devenu un fuyard, parvint dans son palais, il se jeta à terre, gémit et pleura sur le grand nombre d'hommes qu'il avait perdus, comme s'il avait dépeuplé la Perse entière. « Quelle étoile, dit-il, a frappé du haut des cieux le royaume de Perse pour que Darius, qui a soumis tant de cités, tant de nations, asservi tant d'îles, qui se levait avec le soleil, soit devenu un fuyard ? Ma mère avait raison :

> Nul ne connaît l'avenir avec certitude :
> une légère pesée du Destin,
> et voilà les petits élevés jusqu'aux nues
> et les autres précipités des hauteurs dans les
> [ténèbres. »

Après être ainsi resté seul, étendu à terre, Darius se releva, se ressaisit et envoya à Alexandre cette lettre :

« Le roi Darius salue son maître Alexandre. Rappelle-toi tout d'abord que tu es né homme : cela devrait t'éviter de céder à l'orgueil[109]. Xerxès, à qui je dois le jour, était orgueilleux et méprisait tous les hommes : il fut possédé d'un ardent désir d'attaquer la Grèce, car il voulait toujours plus d'or et de pouvoir. Car que lui manquait-il ? L'or, les pierres précieuses, les œuvres d'art, tout ce que tu as vu chez nous de tes yeux ? Son expédition lui a fait perdre beaucoup d'or, beaucoup d'argent. Tu vois ce qu'est le Destin ! Nous cherchons refuge auprès de toi, prends pitié de nous. Par Zeus Protecteur des suppliants, par notre noblesse perse, rends-moi ma mère, ma femme et mes enfants. En échange, je te le promets, je te révélerai où sont les trésors que nos pères ont confiés à la terre chez les Minéens, à Suse et à Bactres. Je te souhaite d'être maître à jamais des Perses, des Mèdes et du reste du monde. Que Zeus te donne d'être grand ! Porte-toi bien. »

Après avoir lu cette lettre, Alexandre décida de convoquer son armée en assemblée et il discuta la proposition de Darius avec ses soldats. Le stratège Parménion prit la parole : « Alexandre, j'accepterais, moi, les richesses et la terre qu'il t'offre, et je lui rendrais sa mère et ses enfants. » Alexandre répliqua : « Moi aussi, si j'étais Parménion. Mais je m'étonne que Darius veuille racheter sa mère, sa femme et ses enfants avec des biens qui m'appartiennent; et plus encore, qu'il promette de me donner une terre qui est en ma possession. Sans doute ignore-t-il que tous ces biens sont les miens tant qu'il n'aura pas remporté la victoire au combat. Si donc il est vaincu et se soumet, qu'il ne promette rien de ce qui est à moi. Et s'il sort vainqueur du combat, ce ne sera plus à lui de nous parler de sa femme, sa mère et ses enfants : ce sera à nous de lui parler des nôtres. Jamais je n'aurais pénétré en Asie si je n'avais jugé que ce pays était à nous; car je me serais alors rendu coupable en touchant au bien d'autrui. Et si c'est lui qui, auparavant, régnait ici, qu'il s'estime heureux d'avoir pu tenir si longtemps sans être inquiété une terre appartenant à autrui[110]. »

Alexandre envoya des messagers rapporter à Darius ce qu'il venait de dire. Il fit soigner les blessés et célébrer sur place les funérailles des morts. Il passa là le plus fort de l'hiver et sacrifia aux dieux locaux. Il fit mettre le feu au palais de Xerxès, qui était le plus beau de la région; mais il se ravisa bien vite et fit éteindre l'incendie[111].

Il alla visiter les tombeaux des rois de Perse, qui renfermaient de nombreux objets d'or et des cratères d'argent[112]. Là s'élevait le tombeau de Cyrus, une tour en pierre de dix étages[113]. Le corps reposait au dernier étage, dans une châsse d'or dont les parois de verre laissaient voir la chevelure, la barbe et même le corps entier. Des ouvriers grecs vivaient là, qu'on avait mutilés aux pieds, au nez ou aux oreilles[114]. Ils avaient les pieds liés dans des entraves clouées. Ils se pressèrent autour d'Alexandre, implorant son secours à grands cris. C'était un spectacle terrible : des Grecs mutilés!

Alexandre en fut bouleversé et ne put retenir ses larmes. Il fit donner à chacun d'eux mille drachmes[115] et voulut les faire reconduire dans leur patrie. Les Grecs acceptèrent l'argent, mais préférèrent rester sur place. Ils prièrent donc le roi de ne pas les renvoyer, mais de leur attribuer des terres : « Car, dirent-ils, nos proches auraient honte de nous. » Alexandre leur fit distribuer des terres, de la semence de blé, donna six bœufs à chacun ainsi que des outils agricoles, et d'autres biens encore.

Mais déjà Darius se préparait à un autre affrontement[116]. Il adressa cette lettre à Poros :

« Le Roi des rois Darius salue le roi Poros. Je t'écris pour te demander de compatir au malheur qui frappe ma maison : l'ennemi qui m'assaille a le cœur d'un fauve et l'âme de la mer; il refuse de me rendre ma mère, ma femme et mes enfants. Je lui ai proposé mes richesses, il n'en a pas voulu. C'est pourquoi je suis contraint de me lancer dans une nouvelle bataille : tant que je n'aurai pas repoussé son peuple ou moi-même quitté ce monde, il me faudra combattre. Prends pitié de moi, soulève-toi et venge l'affront que j'ai subi, en souvenir de nos loyaux ancêtres. Réunis une forte armée et rends-toi aux Portes Caspiennes. Je donnerai chaque mois à ceux qui viendront trois pièces d'or par fantassin et cinq par cavalier, plus des vivres, du fourrage et tout le nécessaire. Du butin que nous ferons, je te donnerai la moitié. Je t'offrirai en outre le cheval Bucéphale, des terres royales, les cent quatre-vingts courtisanes de Suse, chacune avec sa parure. Dès que tu recevras cette lettre, passe à l'action sans tarder ! »

Alexandre fut averti par un transfuge de Darius. Il rassembla ses soldats et se rendit en Médie, car il avait entendu dire que Darius se trouvait à Ecbatane. Alexandre pensait qu'il ne pourrait régner sur l'Asie tant qu'il n'aurait pas porté atteinte à la renommée de Darius. On lui annonça que celui-ci avait fui vers les Portes Caspiennes. Il accéléra sa poursuite lorsqu'il apprit que Darius n'était plus très loin. Et quand l'eunuque Bagistanos déserta pour passer dans son camp et lui confirma toutes ces informations, il avança avec plus d'ardeur encore.

Lorsque les satrapes de Darius, Bessos et Ariobarzanès, apprirent qu'Alexandre approchait, ils changèrent de camp et décidèrent de tuer Darius, espérant recevoir une récompense d'Alexandre pour avoir supprimé son ennemi. Ces misérables, le poignard à la main, se jetèrent sur Darius qui leur dit : « Vous qui étiez mes esclaves et qui êtes maintenant mes maîtres, quel mal vous ai-je donc fait pour que vous vouliez me tuer ? Ne soyez pas pires qu'Alexandre. Laissez-moi donc ainsi, gisant en ma demeure, gémir sur mon inéluctable destin. Si le roi Alexandre en arrivant ici trouve un roi égorgé par des bandits, il me vengera. Un roi ne peut voir un autre roi traîtreusement assassiné, d'une manière si pitoyable, sans lui faire justice. » Darius résista à ses agresseurs. Comme il levait les bras pour se protéger, les coups de poignard furent déviés et ne l'achevèrent pas.

Les Macédoniens traversèrent le Stranga qui était gelé. Alexandre fit irruption dans le palais de Darius[117]. Quand les deux scélérats comprirent qu'il était entré, ils abandonnèrent Darius à moitié mort et prirent la fuite, attendant de connaître la réaction d'Alexandre. Celui-ci trouva donc Darius à l'agonie. S'arrêtant auprès de lui, il pleura longuement et le couvrit de sa chlamyde royale[118]. Puis, les mains posées sur la poitrine de Darius, il prononça ces paroles pleines de compassion :

« Relève-toi, Darius, de ce malheur,
et redeviens le maître de ce qui t'appartient ;
reprends ton diadème et règne sur le peuple perse.
A toi la grandeur et la gloire royales.
Je te jure, Darius, par tous les dieux,
que je parle en vérité et non par ruse :
à toi seul je cède le diadème et le sceptre.
Car j'ai moi-même partagé un repas avec toi, à ta [table, à ton foyer,
quand je suis venu te trouver comme messager [d'Alexandre.

Allons, relève-toi et règne sur ton pays.
Un roi dans le malheur ne doit pas gémir :
tous les hommes sont égaux devant la mort.
Qui sont ceux qui t'ont blessé ?
Dis-le-moi, Darius, nomme-les afin que je te
[venge ! »

Tandis qu'Alexandre parlait, Darius gémissait. Il attira Alexandre à lui, lui embrassa les mains et la poitrine et lui dit :

« Alexandre, mon enfant,
que la gloire de régner ne t'emplisse pas d'orgueil.
Quand tu auras accompli une œuvre digne d'un
[dieu
et que tu auras l'impression de toucher le ciel de
[tes mains, pense à l'avenir.
Le Destin ne connaît ni roi, ni brigand, ni
[individu, ni foule.
Sans discernement, il bouleverse tout.
Vois ce que j'étais et ce que je suis devenu ! Hélas !
Moi qui fus naguère seigneur d'une si grande terre,
je meurs aujourd'hui sans être maître de
[moi-même.
Ensevelis-moi de tes pieuses mains.
Que les Macédoniens et les Perses me rendent les
[honneurs funèbres,
qu'ils soient pour Darius une seule famille.
Dans mon malheur, je te confie ma mère ;
de ma femme aussi prends soin comme d'une sœur.
Je te donne ma fille Roxane
afin que, si les morts ont encore quelque pensée,
les deux pères soient fiers de leurs enfants :
Philippe de toi et Darius de Roxane[119]. »

Sur ces mots, le roi Darius rendit l'âme dans les bras d'Alexandre.

Alexandre fit donner à Darius des funérailles royales selon la coutume du pays. Il plaça en tête du convoi les premiers des Macédoniens et des Perses, en armes. Lui-même, avec des Perses, portait sur son épaule la litière où reposait Darius. Les Perses pleuraient moins sur Darius qu'ils n'éprouvaient de sympathie et d'affection pour Alexandre. Alexandre déposa Darius dans un tombeau royal, fit sacrifier des bœufs et organisa des jeux funéraires. Puis il donna aux Perses les lois et les statuts que voici :

« Le roi Alexandre, fils du roi Philippe, du dieu Ammon et de la reine Olympias, à tous les habitants de la Perse, ruraux et citadins : J'aurais mieux aimé que ne périssent pas tragiquement tant de milliers d'hommes. Mais puisque c'était la volonté divine que je sois victorieux des Perses, je remercie la Providence et tous les dieux. Sachez donc que j'ai institué des satrapes auxquels vous devez obéir, comme sous Darius, sans reconnaître d'autre roi qu'Alexandre qui vient de devenir votre roi. Je vous laisse libres d'appliquer vos propres lois, de célébrer vos fêtes et tenir vos réunions solennelles, de garder toutes vos coutumes. Que chaque Perse conserve son ancien mode de vie. Les Perses qui ne résideront pas dans leur ville seront châtiés comme déserteurs. Je vous laisse la jouissance de vos biens. Que chacun reste maître des siens, mis à part l'or et l'argent, dont tirent vanité le bon comme le méchant. Gardez la monnaie qui est en usage chez vous. Apportez toutes vos armes dans les arsenaux qu'on vous aura désignés. Selon l'estimation que j'aurai faite, j'attribuerai aux satrapes un certain nombre de soldats et une certaine quantité d'armes. Les compétitions que vous avez coutume d'organiser se feront avec l'accord du satrape. Vous ne vous rencontrerez pas entre nations, sauf pour faire du commerce; dans ce cas, que vos réunions ne dépassent pas vingt personnes, sans quoi vous serez châtiés comme ennemis de la loi perse. Que tous les marchands exercent leur activité comme sous Darius; je prélèverai sur les récoltes des champs et des vergers la part habituelle. Je veux que le pays vive dans l'abondance. Je veux aussi que les routes de Perse soient sûres afin que les voyageurs venant de Grèce puissent se rendre facilement dans n'importe quelle ville de Perse. Depuis le passage de l'Euphrate et le départ de la route, chaque satrape a reçu l'ordre de faire construire la voie sur un demi-schène[120] et de la tracer sur un schène dans la direction qu'elle prend. Il devra également installer une signalisation au croisement de deux ou plusieurs routes, au moins pour les grandes routes. Les contributions qui étaient destinées sous Darius à l'entretien des routes, j'en fais don aux sanctuaires des dieux, spécialement Sarapis et Zeus. Et puisque vous souhaitez, comme pour Cyrus, célébrer mon anniversaire, j'ai donné des consignes au satrape Moschyle pour que ces deux anniversaires soient fêtés avec festins et jeux. Des Perses seront désignés pour assister aux compétitions ; les Perses organiseront eux aussi des jeux comme ils voudront. Si une jeune fille de notre nation reçoit une couronne, qu'elle soit pour un an, si elle reste vierge, prêtresse dans le temple du dieu que ma mère honore. Elle recevra chaque année une somme équivalente au prix de sa couronne, et elle restera prêtresse toute sa vie. Si elle cède à la nature et devient femme, que cette somme lui soit remise en guise de dot. Même chose pour celle qui lui succédera. Que l'on construise le gymnase dans un site choisi, comme à Pella. Je procéderai moi-même aux nominations tant que je vivrai ; après ma mort, la tâche en incombera aux gouverneurs à qui j'aurai confié la région. Celui qui l'emportera à la course de chars recevra une coupe d'or de mille deux cents statères[121] et cinq coupes d'argent contenant chacune de quoi enivrer un homme sobre. Le vainqueur de la course à cheval gagnera une coupe de même poids, un vêtement perse et le droit de dîner avec Alexandre pendant toute sa vie. Celui qui aura été tiré au sort, selon la coutume perse, recevra une couronne d'or, un vêtement perse simple, une ceinture en or et deux coupes de cent quatre-vingt-dix statères chacune. Au banquet de victoire, qui aura lieu dans le temple d'Alexandre, seront conviés tous mes satrapes de Perse, qui sont des chefs, non des tyrans. Que les administrateurs de ces jeux soit des

Alexandrins, ainsi que les prêtres du temple d'Alexandre. Moschyle, le fondateur du temple d'Alexandre, portera une couronne d'or et une robe de pourpre, en particulier les jours de fête solennelle. Les courtisanes ne seront pas admises dans le temple. Qu'en soient bannis en toute circonstance les gens de race mède. Je vous interdis de rendre vos jugements entre vous, quels que soient vos désaccords, ni même devant un arbitre de votre choix, surtout pour les causes capitales. Si l'on trouve quelqu'un en train de réunir, en dehors de la salle du Conseil, des satrapes ou d'autres personnes, qu'il soit exécuté comme ennemi public[122]. »

Quand Alexandre eut mis en place tous ces projets, il prononça un communiqué : « On a tué un grand souverain qui était mon ennemi, votre seigneur Darius. Ce n'est pas moi qui l'ai tué, mais des hommes que je ne connais pas, auxquels je dois des présents de valeur. Je leur offrirai les satrapies de leur choix et des terres immenses. Car ils ont tué mon ennemi. » Après cette déclaration, le peuple perse resta sur ses gardes, s'attendant à être anéanti. Alexandre précisa donc : « Je veux récompenser ceux qui ont tué mon ennemi. Si donc c'est un Macédonien, qu'il se présente à moi avec assurance ; et si c'est un Perse, qu'il ne craigne rien. Je jure sur la vie de ma mère que je le rendrai célèbre dans le monde entier. » Ce serment émut les Perses aux larmes. Alors les deux traîtres, Bessos et Ariobarzanès, s'avancèrent spontanément vers Alexandre et lui dirent : « Maître, c'est nous qui avons tué ton ennemi Darius. » Alexandre ordonna aussitôt qu'on les enchaîne et qu'on les crucifie devant le tombeau de Darius. Et comme ils protestaient : « Maître, tu as juré par les dieux et sur la vie d'Olympias », Alexandre répondit : « Si je m'explique, c'est pour le peuple, non pour vous : je n'avais pas d'autre solution pour vous retrouver que d'avoir l'air, pendant quelque temps, d'approuver l'assassinat de Darius. Mon désir était de châtier ses meurtriers. Car s'ils ont tué leur propre maître, à plus forte raison risquent-ils de me tuer, moi !

Vous êtes des traîtres et je ne me suis pas parjuré pour vous : j'ai promis de vous rendre célèbres dans le monde entier ; c'est effectivement ce qui arrivera quand vous aurez été pendus à une croix ! » Et, tandis qu'Alexandre faisait cette déclaration, toute la Perse l'acclamait comme un dieu[123].

Quand Alexandre eut pacifié la Perse, il proposa au peuple de se choisir un satrape. Tous s'écrièrent : « Nous voulons Adoulitès, l'oncle paternel de Darius. » Alexandre accepta. Il écrivit ensuite la lettre suivante :

« Alexandre salue Stateira et Rodogune[124]. Darius nous résistait, nous l'avons vaincu, conformément à la volonté divine. Je l'aurais laissé vivre sous mon commandement. Mais je l'ai trouvé gisant, blessé par les siens, rendant son dernier soupir. J'ai eu pitié de lui, je l'ai couvert de ma propre chlamyde, et j'ai cherché à savoir ce qui était arrivé. Il m'a confié sa fille Roxane afin qu'elle partage ma vie. Pour le reste, il n'a pas eu le temps de parler. J'ai mis la main sur ceux qui avaient conçu le dessein de le tuer, et je les ai fait périr comme ils le méritaient. J'ai fait donner des funérailles à sa dépouille sacrée, pour que vous puissiez le pleurer avec vos propres chants de deuil et prendre soin de lui. Je crois que vous savez déjà cela et que ma lettre ne vous accablera pas de chagrin. Je lui ai fait élever un sanctuaire auprès de ses ancêtres héroïques, j'ai accompagné sa dépouille à la consécration. Mettez donc un terme à votre douleur : je vous rétablirai dans votre palais et vous laisserai régner sur les peuples que vous aurez choisis. Pour le moment, restez où vous êtes, en attendant que j'aie mis de l'ordre dans les affaires ici : quelques fous encore ne se sont pas rendus. Conformément à la volonté de Darius, je veux que Roxane partage mon trône. Prosternez-vous donc devant elle comme l'épouse d'Alexandre[125]. »

Les deux femmes envoyèrent à Alexandre cette réponse :

« Rodogune et Stateira saluent le roi Alexandre. Nous prions les dieux du ciel, ceux qui ont fait tomber la couronne de Darius et mis fin à la gloire des Perses, de te faire roi du monde à jamais, puisque par ta réflexion, ton intelligence et ta puissance, tu es l'égal des dieux Olympiens. Nous savons que, sous ta protection, nous sommes bien traitées. Nous supplions le Destin de t'accorder ce qu'il y a de plus beau et de te faire vivre d'innombrables années. Car tu ne nous a pas traitées comme des captives tombées en ton pouvoir, mais comme des femmes qui ont connu une position éminente et en ont été déchues. Désormais, nous ne sommes plus des captives ; nous savons qu'Alexandre est pour nous un nouveau Darius et nous nous prosternons devant lui, qui ne nous a pas humiliées. Nous avons écrit au peuple perse pour qu'il demande à ses dieux de te faire partager le trône de Zeus et de se prosterner devant toi. Comme tu l'as ordonné, nous nous prosternons devant Roxane, que tu as choisi d'associer à ton trône quand Zeus l'aura conduite au mariage. Dans notre lettre, nous avons fait savoir au peuple que nous reconnaissons désormais un nouveau Darius, que le sceptre de Darius a été relevé par Alexandre, l'égal des dieux, le bienfaiteur des Perses. Qu'il sache qu'Alexandre va épouser Roxane. Qu'il adresse des prières à tous les dieux ; qu'il invite tous les dieux de la Perse à venir avec lui devant Alexandre et à lui rendre grâce d'avoir élevé la gloire des Perses. »

A cette lettre Alexandre répondit : « Je refuse d'être honoré à l'égal des dieux ; car je suis un homme, un mortel, et cette pratique m'inspire de la crainte : elle est dangereuse pour l'âme[126]. Mais j'approuve et je loue vos sentiments. Je ferai tout pour prendre soin de vous comme le mérite votre noblesse. Portez-vous bien. »

Alexandre écrivit, d'autre part, à sa mère Olympias et lui annonça son mariage. Alors Olympias prépara le splendide vêtement de cérémonie qu'elle portait lors de toutes les processions royales et le lui envoya depuis la Macédoine.

Il écrivit enfin à Roxane :

« Alexandre salue sa sœur Roxane. Ayant écrit à ma mère Olympias pour des affaires personnelles, je lui ai demandé de renvoyer les parures et les costumes de Rodogune, la mère de Darius, et de sa femme Stateira[127]. J'ai envoyé Caranos vous les porter. J'ai donné en échange à ma mère Olympias une somme équivalente en statères pour qu'elle s'achète une parure. Inclinez-vous avec crainte devant Némésis qui voit tout et devant Diké[128] ; rejetez loin de vous toute rancœur, si vive et puissante soit-elle. Car les hommes comme les dieux doivent se soumettre au Destin. Essaie donc toi aussi d'avoir des pensées dignes d'Alexandre et de témoigner du respect à Olympias. Tu agiras ainsi d'une manière qui nous honorera, toi et moi. Porte-toi bien. »

Ayant appris que Poros devait s'allier à Darius, Alexandre offrit un sacrifice aux dieux locaux, il rassembla son armée et prit la route des Indes[129].

Il avança à travers un vaste désert, par des contrées arides et des forêts ravinées. Il peinait, les soldats étaient épuisés; leurs chefs alors déclarèrent : « Nous avons fait la guerre contre les Perses et nous avons vaincu Darius parce qu'il réclamait des tributs aux Grecs : cela nous suffit ! Pourquoi nous fatiguer encore à marcher vers les Indes, dans des régions infestées de fauves, qui n'ont rien à voir avec la Grèce ? Si les idées de grandeur d'Alexandre l'enflamment pour la guerre, s'il veut soumettre les nations barbares, quelle raison avons-nous de le suivre, nous ? Qu'il continue tout seul, qu'il fasse sa guerre, mais ne compte plus sur nous ! Toutes ces guerres nous ont usés, tous ces combats, tous ces dangers : nous sommes épuisés ! » Se laissant tomber à terre, ils se lamentaient et montraient leurs armes ébréchées, endommagées, et les habits râpés dont ils étaient vêtus. Ils avaient fait douze ans de guerre et ils comptaient ceux des leurs qu'ils avaient perdus, frères, fils ou pères[130]. Quand Alexandre entendit cela, il convoqua ses soldats en assemblée, mit à part le contingent perse et, s'adressant aux troupes macédoniennes et grecques, il leur dit : « Compagnons d'armes, Macédoniens et Grecs qui avez combattu avec moi alors que les Perses, eux, étaient nos ennemis, si vous pensez que je dois marcher seul contre les Barbares, je le ferai. Je vous rappelle toutefois que les guerres passées, je les ai gagnées seul, comme je gagnerai seul toutes celles que je veux encore entreprendre contre les Barbares. Car sans mon intelligence et ma détermination, quelle eût été votre énergie au combat ? Déjà face à l'immense armée de Darius, vous étiez sans force ! N'étais-je pas alors devant vous pour vous protéger dans les batailles ? N'ai-je pas été mon propre messager auprès de Darius ? Ne me suis-je pas exposé aux dangers ? Rentrez donc en Macédoine, essayez de vous débrouiller seuls, sans vous quereller : vous verrez qu'une armée ne peut rien sans les sages conseils de son roi. » Touchés par ce discours, les soldats supplièrent Alexandre de renoncer à sa colère et d'accepter leurs services pour toujours. Alexandre permit toutefois aux plus âgés de s'en retourner et leur donna leur congé. Il fit demander aux Grecs de lui envoyer un contingent d'hommes jeunes.

Quelques jours plus tard, ils parvinrent aux frontières de l'Inde. Des messagers de Poros vinrent à sa rencontre et lui remirent une lettre. Alexandre la lut :

« Le roi des Indes, Poros, à Alexandre, le pilleur de cités. Voici mes ordres : Tu es un homme, que peux-tu contre un dieu ? Quoi ? Parce que tu as mis un terme à la prospérité des Perses en te lançant dans une bataille contre plus faible que toi, tu crois être plus fort que les autres ? Je te préviens que je suis invincible, étant roi, non seulement des hommes, mais des dieux : quand celui qu'on appelle Dionysos était ici, les Indiens ont été assez forts pour le chasser tout seuls[131]. Ainsi je te conseille et même je t'ordonne de repartir au plus vite pour la Grèce. Ni ta bataille contre Darius, ni tes victoires sur les autres peuples ne me feront peur. C'est à la faiblesse de tes adversaires que tu dois tes succès. Mais toi, tu te crois fort ! Si nous avions besoin de la Grèce, depuis longtemps, avant Xerxès, nous l'aurions réduite en esclavage. Mais ce peuple ne nous intéresse pas, on ne trouve rien chez lui qui mérite d'être vu par un roi. Aussi ne l'avons-nous pas attaqué. Car ce qu'on désire toujours, c'est avoir mieux, non pas moins bien. Je te le redis donc pour la troisième fois : fais demi-tour et ne cherche pas à dominer là où tu n'en as pas les moyens. »

Alexandre lut cette lettre devant l'armée assemblée, puis il déclara : « Soldats, camarades, ne vous laissez pas troubler à nouveau par cette lettre de Poros que je viens de vous lire. Rappelez-vous ce qu'écrivait Darius. En vérité, les Barbares sont tous les mêmes, ils n'ont qu'une seule façon de penser : ils ne pensent pas ! Ils sont comme les animaux de leurs pays, tigres, panthères, lions, éléphants, dont ils vantent la noblesse et le pelage bigarré, mais qui se laissent facilement prendre à la chasse par des hommes doués d'intelligence. Il en va de même avec les rois barbares : ils se vantent d'avoir une foule de soldats, mais les Grecs, par leur intelligence, en viennent à bout facilement. » Cette explication redonna courage à l'armée. Alexandre rédigea alors la réponse suivante :

« Le roi Alexandre salue le roi Poros. Tu as encore avivé notre désir de t'attaquer en nous disant que rien en Grèce n'est digne de l'Inde et que vous, les Indiens, vous avez tout. Tu sais que les hommes désirent toujours mieux : puisque donc nous, les Grecs, nous n'avons pas tout ce que vous les Barbares vous avez, nous désirons mieux et venons nous servir chez vous ! Tu m'écris que tu es aussi roi des dieux et que tu as donc un pouvoir supérieur à celui des dieux. Pour moi, ce n'est pas contre un dieu que j'engage la guerre, mais simplement contre un homme, un Barbare fanfaron. Car qu'un dieu prenne une seule arme, l'éclat de la foudre ou le grondement du tonnerre, la terre entière ne peut le supporter ! Tu n'es pas effrayé par le nombre de peuples que j'ai vaincus ; moi, je n'ai pas peur de tes fanfaronnades. »

Alexandre envoya sa lettre. Après l'avoir lue, Poros se hâta de rassembler une multitude d'hommes, ainsi qu'un grand nombre d'éléphants et d'autres puissants animaux que les Indiens utilisent au combat[132]. Quand les Macédoniens et les Perses virent de près ce dispositif de guerre, ils eurent peur, moins de la quantité d'hommes, que des bêtes. Et là, Alexandre lui aussi fut impressionné à la vue de ces animaux étrangers ; car c'est à des hommes qu'il avait l'habitude de livrer bataille. Il réfléchit donc longuement, interrogeant sa raison pour savoir comment tuer les animaux ou comment les repousser. Et que fit alors l'ingénieux Alexandre ? Il rassembla toutes les statues de bronze dont il disposait et les fit passer soigneusement au feu. Puis, au moyen d'instruments en fer, il les fit jeter devant les bêtes au moment où la bataille s'engagea. Lors de l'assaut, celles-ci, bondissant en avant, se précipitèrent sur les statues pour les mordre et se brûlèrent la gueule. C'est ainsi qu'Alexandre, grâce à son intelligence, adoucit l'attaque des bêtes. Les Perses alors accentuèrent leur pression contre les Indiens et les poursuivirent à coups de javelot ou à cheval. La bataille fit rage, on tua, on fut tué. Blessé par Poros, le cheval d'Alexandre, Bucéphale, tomba et resta inanimé. Alors Alexandre, sans plus songer au combat, traîna seul son cheval à l'écart pour le mettre à l'abri des ennemis.

La bataille durait depuis vingt-cinq jours. Les soldats d'Alexandre étaient épuisés et voulaient se rendre. Alexandre le remarqua ; ayant demandé le silence, il s'adressa à Poros : « Poros, qu'une armée soit anéantie au hasard de la guerre, cela ne prouve rien quant à la puissance de son roi. Par contre, si nous luttons en combat singulier pour le titre de roi, nous ferons la preuve de notre valeur personnelle. » Poros accepta cette proposition avec joie, car, physiquement, Alexandre ne pouvait se comparer à lui ; Poros mesurait en effet cinq coudées[133] et Alexandre, trois. Ils se placèrent donc l'un en face de l'autre, sous les yeux de leurs deux armées. Soudain, un brouhaha s'éleva dans le camp de Poros. Celui-ci, troublé, se retourna. Alexandre alors se ramassa sur lui-même et bondit sur son adversaire, lui enfonçant son épée dans l'aine. Poros fut tué sur le coup[134].

Les armées recommencèrent à se battre. Mais Alexandre prit la parole :

— Malheureux Indiens, pourquoi combattez-vous alors que votre roi est mort ?

— Pour ne pas être faits prisonniers, répondirent-ils.

— Cessez de vous battre et rentrez chez vous, leur dit Alexandre. Ce n'est pas vous qui avez attaqué mes soldats, c'est Poros.

Mais cela, il le dit parce que son armée n'était pas aussi forte que celle des Indiens ! Il fit donner à Poros des funérailles royales, emporta tous les objets de valeur et poursuivit sa route.

Alexandre soumit aussi les autres régions du royaume des Indes. Il se rendit maître des Indiens gouvernés par Pausanias. Il vit également ce qu'on appelle le Roc d'Aornos[135] ; ce piton rocheux, haut de cinq stades, est ainsi nommé parce que même les oiseaux ne parviennent pas à s'y poser. Dionysos lui-même ne réussit pas à le prendre lors de son expédition, pas plus qu'Héraclès, tant il est haut et escarpé. Alexandre, lui, s'en empara, et voici comment : il fit fabriquer des pitons de fer qu'il fit planter dans les parois abruptes. Par ce moyen, les Macédoniens escaladèrent le rocher et réussirent à enlever la place aux Indiens qui la défendaient. Ainsi fut pris le Roc d'Aornos.

Après ces victoires, Alexandre apprit que dans la région où coule l'Hydaspe vivait un roi qui régnait sur les pays du Levant, avec un nombre immense de soldats et d'éléphants[136]. Résolu à faire encore campagne contre lui, il convoqua les Macédoniens et les exhorta à le suivre dans son expédition contre ce roi. Car il était d'une audace et d'une témérité folles ! Qu'on en juge aussi par le fait suivant : il y avait une ville de l'Inde où s'était réfugiée une foule de gens venant des autres villes, parce qu'elle passait pour être la plus grande et la plus sûre. Alexandre décida de lui donner l'assaut. Mais les échelles qui avaient été dressées contre les remparts se brisèrent et les Macédoniens ne purent entrer dans la ville. Seule resta en place l'échelle d'Alexandre. Celui-ci avait vu ce qui s'était passé ; il pénétra malgré tout à l'intérieur, suivi de deux amis, Peucestas et Ptolémée. Les habitants, qui les observaient, se jetèrent sur Alexandre. Mais Peucestas et Ptolémée le couvrirent, s'efforçant de repousser les assaillants, car ils étaient plus soucieux de sauver leur roi que leur propre vie. Alexandre se battait vaillamment, il fut blessé à la poitrine. Quand les Macédoniens le comprirent, ils donnèrent l'assaut aux portes qu'ils brisèrent; ils se ruèrent à l'intérieur de la ville et se mirent à tuer tout le monde, sans épargner les femmes ni les enfants, ne songeant qu'à venger leur roi. Après s'être ainsi emparés de la ville, ils exhortèrent Alexandre à n'être pas aussi téméraire et à ne pas exposer sa vie[137].

Alexandre se rendit ensuite chez les Oxydraques, non pour les combattre mais pour y rencontrer ces sages qui vivaient nus dans des cabanes et des grottes[138]. Ceux-ci lui écrivirent une lettre :

« Voici ce que nous, brahmanes, gymnosophistes, nous écrivons à l'homme qu'est Alexandre. Il est inutile de venir nous attaquer : il n'y a rien à piller chez nous. Ce que nous possédons ne s'acquiert pas par la guerre; tu es attaché à la guerre, nous à la sagesse. »

Après avoir lu cette lettre, Alexandre se rendit chez eux pacifiquement; il les trouva tous entièrement nus. Il les interrogea, allant de l'un à l'autre :

— N'avez-vous pas de tombeaux?

— Ce lieu où nous demeurons est aussi notre tombeau.

— Qui sont les plus nombreux : les morts ou les vivants?

— Les morts. Mais ne compte pas ceux qui ne sont plus; car ceux qu'on voit sont plus nombreux que ceux qui ont disparu[139].

— Qui est la plus forte : la mort ou la vie?

— La vie : les rayons du soleil sont plus forts à son lever, plus faibles le soir à son coucher.

— Qui est la plus vaste : la terre ou la mer?

— La terre, car la mer repose sur elle.

— De tous les animaux, quel est le plus malin[140]?

— L'homme.

— Comment cela ?

— Regarde-toi toi-même : vois combien d'animaux tu mènes avec toi pour aller piller ce que possèdent les autres !

Le maître du monde ne s'offusqua pas de cette réponse car il savait quel genre d'homme il interrogeait. Il continua :

— Qu'est-ce qu'un roi ?

— Quelqu'un qui en veut toujours plus, qui exerce un pouvoir injuste, qui est prêt à saisir toutes les occasions pour avoir de l'or.

— Qui est le premier, la nuit ou le jour ? poursuivit Alexandre.

— La nuit.

— Comment cela ?

— Ce qui a été engendré dans les ténèbres croît à l'abri dans l'obscurité avant de devenir visible et naître à la lumière.

— Qui est celui que nous ne pouvons tromper et à qui nous ne pouvons dire que la vérité ?

— Dieu, car nous ne pouvons tromper celui qui sait tout.

— Quelle partie du monde est la plus forte : celle de gauche ou celle de droite ?

— Celle de gauche.

— Comment cela ?

— Tout d'abord, le soleil se lève à gauche et décline à droite. Quand nous sommes avec des femmes, nous nous plaçons sur leur gauche. La femme qui allaite donne d'abord le sein gauche à son enfant. C'est sur l'épaule gauche que nous transportons les dieux. Vous-mêmes, les rois, c'est dans votre main gauche que vous tenez le sceptre, insigne de votre pouvoir.

— Qui triomphe de tout le genre humain ? demanda encore Alexandre.

— La mort : elle fait violence à tous et ne se laisse fléchir par personne.

— Qu'est-ce qui suscite la colère de Dieu ?

— L'injustice chez les riches et l'arrogance chez les pauvres.

— Qu'y-a-t-il de plus doux au monde ?
— L'amour qui vient du cœur.
— Et de plus amer ?
— Le crime et la haine.

Alexandre leur dit alors :

— Que voulez-vous que je vous donne ?
— L'immortalité, répondirent-ils.
— Je n'ai pas ce pouvoir, je suis un mortel.
— Pourquoi donc, si tu es un mortel, mènes-tu tant de guerres ? Où veux-tu emporter tout ce que tu prends ? A ton tour, tu le céderas à d'autres.
— Tout cela est ordonné par la Providence divine, leur dit Alexandre, nous sommes les serviteurs de ses desseins. La mer reste immobile s'il n'y a pas de vent, les arbres ne bougent pas si aucun souffle d'air ne les agite. De même, tout ce que l'homme accomplit est l'effet de la Providence. Pour ma part, j'aimerais cesser de faire la guerre, mais le maître de ma volonté ne me le permet pas. Si nous voulions tous la même chose, le monde serait inerte : pas de navigations sur la mer, pas de cultures sur la terre, pas de mariages, pas d'enfants. Les guerres que j'ai menées ont causé le malheur de ceux qui ont perdu leurs biens, mais d'autres y ont trouvé leur bonheur. Ce que nous prenons aux uns, nous le donnons aux autres, rien ne demeure à personne.

Sur ces mots, Alexandre se retira.

Alexandre écrivit à Aristote pour lui donner des nouvelles[141] :

« Le roi Alexandre salue Aristote. Il faut que je te raconte une étrange aventure qui nous est survenue en Inde. Arrivés à la ville des Prasiens, qui paraît être la capitale du pays indien[142], nous avons repéré dans les environs, visible de loin, un promontoire s'avançant dans la mer. Je m'y suis rendu aussitôt, accompagné de quelques hommes. Au cours de notre exploration, nous avons rencontré des hommes qui vivaient là : ils avaient des silhouettes de femme et ils se nourrissaient de poissons[143]. J'en ai interpellé quelques-uns : ils parlaient un langage barbare. Et comme je m'informais sur les alentours, ils nous ont montré une île que nous avons tous distinguée, en pleine mer : c'était, disaient-ils, le tombeau d'un roi très ancien, qui renfermait une grande quantité d'or sacré. J'ai aussitôt voulu me rendre sur cette île. Mais les Barbares s'y sont opposés avec colère ; puis ils se sont éloignés de nous et ont disparu, laissant sur place leurs petites embarcations, au nombre de douze. Pheidon, mon plus fidèle ami, Héphaïstion, Cratère et les autres ne m'ont pas laissé faire la traversée. Pheidon m'a dit : "Permets-moi d'aller sur l'île à ta place afin que, s'il y a du danger, ce soit moi qui risque ma vie et non pas toi ; s'il n'y a rien à craindre, je te renverrai le bateau. Car que moi, Pheidon, je vienne à mourir, tu trouveras d'autres amis ; mais qu'Alexandre meure, ce serait un malheur pour la terre entière !" J'ai donc cédé et les ai laissé partir. Et comme, au bout d'une heure, ils s'apprêtaient à débarquer sur ce qu'ils croyaient être une île, le monstre a soudain plongé dans les profondeurs de la mer. Nous avons poussé de grands cris ; le monstre a disparu ; des hommes ont péri, et parmi eux, mon plus fidèle ami, ce qui m'a causé beaucoup de peine. Je me suis mis à la recherche des Barbares, mais ne les ai pas trouvés. Nous sommes restés huit jours sur ce promontoire ; le septième jour, nous avons revu le monstre : il avait des défenses comme les éléphants[144]. Nous étant assez attardés en ce lieu, nous avons regagné la ville des Prasiens.

« J'ai observé beaucoup de choses étranges, il faut que je t'en parle : des animaux de toutes sortes, des sites dignes d'une étude naturaliste[145], diverses espèces de serpents et, le plus extraordinaire de tout, une éclipse de soleil et de lune. Nous avons connu aussi les rigueurs de l'hiver. En effet, après avoir vaincu le roi des Perses Darius et soumis ses sujets, nous avons parcouru tout le pays pour en découvrir les richesses. Nous avons vu de l'or, des cratères ornés de pierres précieuses pouvant contenir chacun quatre-vingt-dix coupes, et bien d'autres merveilles encore. Nous avons mené cette expédition à partir des Portes Caspiennes.

Vers la dixième heure du jour, la trompette sonnait le repas ; après cela, nous marchions encore pendant cinq heures ; il y avait ensuite six heures de repos ; dès le lever du soleil, la trompette donnait le signal et nous repartions jusqu'à la quatrième heure du jour. Soucieux de ne pas exposer les soldats, j'avais ordonné à chacun de porter des chaussures, des jambières, des pantalons de peau, et de se couvrir le haut du corps d'une cuirasse. Les indigènes, en effet, nous avaient mis en garde contre les serpents venimeux qu'on rencontrait sur ces chemins. Tous devaient donc être ainsi équipés.

« Au bout de douze jours de marche, nous sommes arrivés face à une ville bâtie au milieu d'un fleuve. Cette ville disparaissait derrière des roseaux qui faisaient trente coudées de haut et avaient la largeur d'une couronne ; elle ne reposait pas sur du sol ferme, mais sur des roseaux de cette même espèce. Des pirogues montaient la garde sur le fleuve ; nous avons observé qu'elles étaient aussi faites de planches taillées dans ces roseaux[146]. J'ai fait établir le camp à cet endroit. Nous y étions arrivés à la troisième heure du jour. Nous nous sommes avancés jusqu'au bord du fleuve, mais son eau était plus amère que l'ellébore. Nous avons alors tenté de traverser à la nage jusqu'à la ville ; mais des hippopotames ont surgi de l'eau et ont emporté les hommes. Il ne nous restait plus qu'à quitter les lieux ! Les trompettes ont donc donné le signal du départ ; nous avons marché de la sixième à la onzième heure. Nous avions tellement soif que j'ai vu des soldats boire leur propre urine. Par chance, nous avons trouvé une mare, au milieu d'une épaisse forêt ; là, l'eau était douce : elle nous a paru plus suave que le miel. Quelle joie ! Sur une hauteur, nous avons remarqué une stèle couverte de mosaïques sur laquelle était gravée cette inscription : "Moi, Sésonchosis, maître du monde, j'ai créé ce point d'eau pour les navigateurs de la mer Erythrée[147]."

« J'ai fait installer le camp, préparer le couchage et allumer du feu. Vers la troisième heure de la nuit, à la clarté de la lune qui luisait bien haut dans le ciel, des bêtes sont sorties de tous les coins de la forêt pour venir boire à la mare qui se trouvait devant nous. Il y avait des scorpions longs d'une coudée, des vipères des sables, les unes blanches, les autres rouges... Notre situation était vraiment terrible ! Quelques hommes, déjà, étaient morts et de toutes parts s'élevaient des plaintes et des lamentations. Puis sont arrivées les bêtes à quatre pattes : des lions plus grands que les taureaux chez nous, des rhinocéros ; tout cela débouchait de la forêt de roseaux : il y avait des sangliers plus gros que les lions, avec des défenses d'une coudée, des lynx, des panthères, des tigres, des animaux à queue de scorpion, des éléphants, des buffles, des taureaux-éléphants, et aussi des êtres humains qui avaient six mains, ou des jambes comme des lanières, ou des queues de chien, et bien d'autres créatures monstrueuses. La lutte n'a pas tardé à s'engager. Nous nous sommes défendus avec nos armes de fer, nous avons mis le feu à la forêt. Les serpents se jetaient dans le brasier, nous les écrasions sous nos pieds, les frappions avec nos épées ; il y en avait des quantités ! Cependant, la lune continuait sa course et on arrivait à la sixième heure de la nuit. Nous restions là, fascinés, remplis de terreur et de stupéfaction, à contempler tous ces corps aux formes étranges. Et voici que soudain a surgi une bête plus gigantesque que tous les éléphants — on l'appelle tyrannodonte[148] — prête à fondre sur nous. Je me suis mis à courir de tous côtés, exhortant mes vaillants compagnons à allumer des feux et à faire bonne garde pour nous éviter une mort horrible. Mais la bête n'avait qu'une envie : s'attaquer aux hommes ! Elle a bondi au milieu des flammes, est entrée dans le camp et a aussitôt tué vingt-six hommes. Alors, certains d'entre nous, s'armant de courage, ont affronté ce monstre à corne unique et l'ont tué. C'est à grand-peine que mille trois cents hommes ont ensuite réussi à le traîner hors de la place. Puis, comme la lune se couchait, des renards de nuit ont surgi du sable, certains mesurant dix coudées, d'autres huit ; ils ont tué plusieurs des nôtres. Des crocodiles sont sortis de la forêt et ont tué nos bêtes de somme. Il y avait aussi des chauves-souris plus grosses que des pigeons, dont les dents ressemblaient à des dents d'homme. Des corbeaux de nuit se sont posés au bord de la mare ; nous les avons chassés et ils nous ont fourni une abondante nourriture : ils n'attaquaient pas les hommes et n'osaient s'approcher du feu. Au lever du jour, toutes ces bêtes ont disparu. J'ai aussitôt fait mettre à mort les cinquante guides qui nous avaient entraînés dans cette tragique aventure ; on a emporté leurs corps vers le fleuve pour les y jeter. Nous avons ensuite rejoint la route naturelle qui mène au pays des Prasiens.

« Un jour — c'était le troisième jour du mois de Zeus —, alors que je me préparais à lever le camp vers la sixième heure, nous avons pu observer le phénomène atmosphérique que voici. D'abord, un vent soudain s'est levé, d'une telle force qu'il a renversé nos tentes et nous a jetés nous-mêmes à terre. J'ai fait aussitôt relever les tentes et tout remettre en place. Mais, tandis que nous étions à l'œuvre, un nuage est arrivé sur nous et il s'est fait une telle obscurité que nous ne nous voyions plus les uns les autres. Il est même devenu impossible de voir le nuage : l'atmosphère s'est assombrie et épaissie au point de cacher le soleil. Alors nous avons vu s'élever dans l'air des tourbillons violents qui ont dispersé les nuages, et devant nous, dans le ciel, à une distance d'environ dix stades, toutes ces nuées s'entrechoquer et se mêler de nouveau, rougeoyantes comme du feu. Cela a duré trois jours. Puis, comme le soleil restait caché, il est tombé pendant cinq jours une neige abondante. Des soldats qui s'étaient aventurés à sortir à l'air libre ont été ensevelis, raidis par le froid. Par la suite nous avons trouvé, enfouis dans la neige, plus de soixante-dix morts. Enfin, le soleil est réapparu ; nous avions subi de lourdes pertes, tant en hommes qu'en matériel. Il était impossible de se déplacer dans la campagne, la couche de neige atteignait trois coudées[149].

« Trente jours plus tard, les routes étaient redevenues praticables. Nous sommes donc repartis et, au bout de cinq jours, nous nous sommes rendus maîtres de la cité des Prasiens, en triomphant de Poros et de ses alliés ; cette ville est extrêmement riche — j'en ai déjà parlé dans ma lettre. Puis j'ai mis bon ordre dans la région alentour. Des Indiens sont venus me trouver avec empressement : "Roi Alexandre, m'ont-ils dit, tu vas conquérir des villes, des royaumes, des montagnes, des nations, en des lieux où jamais aucun roi n'a encore porté ses pas. Dans quelque partie du monde que tu ailles, les hommes viendront de leur ville au-devant de toi. Mais nulle part tu ne trouveras autant d'or qu'ici." Je les ai remerciés et leur ai dit que j'étais enthousiasmé par mes nombreux voyages. Je leur ai aussi demandé de me signaler, s'ils en connaissaient, des curiosités étranges et étonnantes, susceptibles d'intéresser un roi. Alors certains d'entre eux, qui savaient toutes sortes de choses, sont venus me dire : "Roi, nous pouvons te montrer un prodige digne de toi : des plantes qui parlent comme des hommes." Je les ai fait aussitôt fouetter, persuadé qu'ils me trompaient. Mais je voulais en même temps en avoir le cœur net. Nous avons donc repris la route et, après une marche de douze jours, nous sommes arrivés dans une bourgade qui, m'ont dit les Indiens, marquait la limite extrême du monde habité dans la direction du sud-est : au-delà, selon eux, il n'y avait plus rien, si ce n'est un désert peuplé de bêtes sauvages où aucun d'entre eux n'était jamais allé[150].

« Les Indiens nous ont conduits dans un parc. A l'intérieur, il y avait une enceinte, non de pierres ou de briques, mais d'arbres, et au centre un second enclos, qu'ils disaient être le sanctuaire du Soleil et de la Lune[151]. Là se dressaient deux arbres semblables à des cyprès, entourés d'autres arbres qui rappelaient ceux qu'en Egypte on nomme myrobalans — les glands sont les mêmes[152]. Les Indiens déclaraient l'un mâle, doué d'une raison masculine, l'autre femelle, doué d'une raison féminine. L'arbre mâle se nommait Soleil, l'arbre femelle, Lune, ce qui se disait dans leur langue Mouthou et Emaousai. A ces arbres étaient accrochées toutes sortes de peaux de bêtes, mâles pour l'arbre mâle, femelles pour l'arbre femelle. Il n'y avait près d'eux aucun objet de fer, de bronze, d'étain ou de terre cuite. J'ai demandé ce qu'étaient ces peaux et ils m'ont dit que c'étaient des peaux de lions et de panthères. Seuls les prêtres du Soleil et de la Lune pouvaient être enterrés là ; ils étaient aussi vêtus de peaux de bêtes. Ces arbres m'intriguaient ; les Indiens m'ont alors expliqué : "A l'aube, quand le soleil se lève, une voix sort de l'arbre ; de même quand le soleil est au zénith et quand il se couche : en tout, trois fois. Il en va de même pour la lune." Ceux qui semblaient être les prêtres se sont avancés vers moi et m'ont dit : "Entre si tu es pur et prosterne-toi !" Je m'apprêtais à entrer, accompagné de dix de mes compagnons, Parménion, Cratère, Philippe, Iollas, Machétès, Thrasyléon, Machaon, Théodectès, Diphile et Néoclès ; mais le prêtre m'a arrêté : "Roi, il est interdit d'entrer avec du fer." J'ai donc demandé à mes amis de déposer leurs épées à l'extérieur de l'enceinte. Trois cents soldats sont aussi venus avec moi, sans armes. Je leur ai recommandé à tous de bien surveiller partout. Parmi les Indiens qui nous accompagnaient, j'ai demandé des interprètes : "Je jure, ai-je déclaré, par Ammon Olympien, par Athéna Nicéphore, par tous les dieux, que si le soleil se couche sans que se fasse entendre la voix de l'oracle, je vous ferai brûler vifs !"

« Au coucher du soleil, des paroles en langue indienne sont sorties de l'arbre. Les Indiens qui étaient avec nous les ont comprises, mais ils avaient peur et refusaient de me les traduire. Après réflexion, je les ai pris à part un à un, et voici ce qu'ils m'ont dit : "Tu dois mourir bientôt, tué par les tiens[153]." Mes compagnons et moi, nous en sommes restés stupéfiés. J'ai voulu alors attendre le lever de la lune pour consulter l'oracle une seconde fois. Inquiet de l'avenir, je suis entré à nouveau dans le sanctuaire et j'ai demandé si je pourrais encore embrasser ma mère Olympias et mes amis d'enfance. Et de nouveau, quand la lune s'est levée, mes amis et moi nous avons entendu l'arbre parler, en grec cette fois : "Roi Alexandre, c'est à Babylone que tu dois mourir ; tu seras tué par les tiens avant d'avoir pu revenir auprès de ta mère Olympias." Nous étions tous frappés de stupeur. J'ai voulu offrir aux dieux de somptueuses couronnes, mais le prêtre m'a dit : "Cela n'est pas permis ; cependant, si tu veux enfreindre l'usage, fais ce que tu veux, car notre loi ne concerne pas les rois[154]." Je suis resté là, accablé de douleur et d'angoisse. Parménion et Philippe m'ont conseillé d'aller dormir, mais je n'en avais pas envie. Je me suis donc levé très tôt et, dès l'aube, je me suis à nouveau rendu au sanctuaire avec mes dix amis, le prêtre et les Indiens. Là, j'ai laissé les autres pour entrer seul avec le prêtre. Posant ma main sur l'arbre, j'ai demandé si les années de ma vie étaient accomplies, si je rentrerais en Macédoine et si je pourrais embrasser ma mère et ma femme avant de mourir. Et au moment où le soleil se levait et frappait de ses rayons la cime de l'arbre, une voix a résonné distinctement : "Les années de ta vie sont accomplies, il ne te sera pas donné de revoir ta mère Olympias : tu mourras à Babylone. Peu de temps après, ta mère et ta femme périront de male mort, victimes de leurs proches. Tes sœurs aussi tomberont sous les coups de tes compagnons. Ne cherche pas à en savoir plus : tes questions désormais resteront sans réponse[155]."

« J'ai donc quitté ces lieux dès la première heure. Après une journée de marche, j'ai réuni tous les soldats et nous avons décidé ensemble de la suite de l'expédition. Nous avons marché encore quinze jours et avons rejoint assez vite la cité des Prasiens. Ceux-ci ont envoyé voir dans les villes voisines s'il se trouvait des objets étranges, de ceux qu'on rapporte des pays du Sud. Ils m'ont présenté des peaux de poissons ocellées comme des peaux de panthères, des dents gigantesques de trois coudées de long, d'autres, de *salomyrins*, qui faisaient six coudées et pesaient un talent, des dents de *ioulis*[156] de deux talents, et d'autres dents de poissons si grosses qu'elles rentraient juste dans les fourreaux des épées. Ils m'ont apporté aussi des coquillages : l'un était rouge et pouvait contenir six coupes, il était vraiment admirable ; un autre faisait quatre coupes et les autres, une. Il y avait enfin trente éponges rouges et cinquante blanches. De la ville des Prasiens, je suis retourné à Persépolis d'où je vais gagner rapidement la capitale du royaume de Sémiramis[157]. Voilà ce que je voulais te dire. Porte-toi bien. »

Après avoir écrit cette lettre à Aristote, Alexandre se dirigea avec son armée vers la capitale de Sémiramis. Il avait grande envie de la voir car elle était célèbre dans tout le pays et jusqu'en Grèce. Cette cité était en effet défendue par un rempart de pierres du pays de trois stades de long sur trois de large, avec cent vingt portes dont le côté extérieur était recouvert de fer et de bronze ; car le fer abonde dans cette région ; toutes les maisons étaient construites en pierre. Là régnait une femme d'une beauté extraordinaire, d'un certain âge déjà, veuve et mère de trois enfants. Elle se nommait Kandaké, c'était une descendante de la reine Sémiramis[158]. Alexandre lui adressa la lettre suivante :

« Le roi Alexandre salue la reine Kandaké de Méroé et les princes qui sont à son service. Quand je suis allé en Egypte, j'ai vu vos tombeaux et vos maisons. Ils confirment ce que m'ont dit les prêtres : pendant un temps vous avez régné sur l'Egypte et Ammon a combattu à vos côtés ; puis, obéissant à un oracle du dieu, vous êtes revenus dans votre propre cité. Je m'adresse donc à vous pour vous prier de faire conduire jusque sur la frontière la statue d'Ammon dans son reposoir[159], car nous voulons offrir un sacrifice au dieu. Si vous ne souhaitez pas venir avec lui, nous nous rencontrerons bientôt à Méroé et nous pourrons alors parler ensemble. Faites-nous savoir ici ce que vous aurez décidé. »

Kandaké répondit :

« La reine Kandaké de Méroé et les princes qui sont à son service saluent le roi Alexandre. Un oracle d'Ammon nous a jadis ordonné de faire campagne en Egypte ; aujourd'hui, Ammon interdit qu'on le déplace et que quiconque marche vers moi : ceux qui entrent chez nous, nous devons les repousser et les considérer comme des ennemis. Ne va pas nous mépriser à cause de la couleur de notre peau[160] ; car nos âmes sont plus blanches et plus lumineuses que celles des plus blancs d'entre vous. Nous disposons d'environ quatre-vingt mille hommes armés de massues, prêts à mettre à mal ceux qui nous attaquent. Tu feras donc bien de respecter le dieu Ammon. Mes ambassadeurs t'apportent cent lingots d'or massif, cinq cents jeunes Ethiopiens, deux cents perroquets et deux cents singes. Pour notre dieu Ammon qui est à la frontière de l'Egypte, une couronne ornée d'émeraudes et de perles non percées, dix colliers de pierres taillées et quatre-vingts coffrets d'ivoire. Nous t'envoyons aussi des bêtes de chez nous : trois cent cinquante éléphants, trois cents panthères, quatre-vingts rhinocéros, quatre mille guépards, quatre-vingt-dix chiens mangeurs d'hommes enfermés dans des cages, trois cents taureaux de combat ; pour finir, quatre-vingt-dix défenses d'éléphants, trois cents peaux de panthères et mille cinq cents bâtons d'ébène. Envoie qui tu veux prendre cela au plus tôt, et écris-nous quand tu seras devenu maître de la terre entière[161]. »

Quand Alexandre eut reçu et lu cette lettre, il chargea Cléomène, son lieutenant en Egypte, d'aller chercher ces présents. Quant à lui, il se mit en route, décidé à se rendre chez Kandaké. Celle-ci avait entendu parler de lui, de sa façon d'attaquer les villes et de ses succès face à des rois très puissants. Elle appela un de ses peintres, un Grec, et l'envoya à la rencontre d'Alexandre avec ordre d'en faire un portrait à son insu et de le lui rapporter[162]. Une fois en possession du portrait, elle le plaça dans un endroit secret.

Voici alors ce qui arriva. Un des fils de Kandaké, Kandaulès[163], accompagné de quelques cavaliers, fit irruption au galop dans le camp d'Alexandre. Les gardes se saisirent de lui et l'amenèrent devant Ptolémée Sôter, qui était le second d'Alexandre ; Alexandre, lui, dormait. Ptolémée l'interrogea :

— Qui es-tu ?

— Le fils de la reine Kandaké.

— Et que fais-tu donc ici ?

— Avec ma femme et une petite escorte, je me rendais chez les Amazones pour participer aux mystères, comme chaque année[164]. Le prince des Bébryces, lorsqu'il m'a vu avec ma femme, m'a attaqué avec une troupe nombreuse ; il a enlevé ma femme et tué la plupart de mes hommes. J'ai donc fait demi-tour ; je veux rassembler une armée importante pour aller dévaster la Bébrycie.

Quand il entendit cela, Ptolémée se leva, se rendit auprès d'Alexandre, le réveilla et lui raconta tout. Aussitôt Alexandre fut sur pied. Il prit son diadème et il en couronna Ptolémée ; puis il lui jeta son fin manteau[165] sur les épaules et lui dit : « Retourne là-bas comme si tu étais Alexandre et ordonne : "Faites venir Antigonos, mon garde du corps !" Alors j'arriverai et tu me raconteras ce que tu viens de me dire. Puis tu demanderas : "Qu'allons-nous faire de lui ? Donne-moi un conseil." » Ptolémée ressortit. Quand les soldats le virent, ils se demandèrent ce qu'avait encore imaginé l'ingénieux Alexandre. Kandaulès, lui, le voyant en costume royal, craignait qu'il n'ordonne sa mort. Car il le prenait pour Alexandre. Ptolémée déclara : « Faites venir Antigonos, mon garde du corps ! » Alexandre s'avança. Ptolémée poursuivit : « Antigonos, cet homme est le fils de la reine Kandaké. Le prince des Bébryces a enlevé sa femme. Que me conseilles-tu de faire ? » Alexandre répondit : « Alexandre, je te conseille d'armer tes soldats et d'attaquer les Bébryces : nous reprendrons sa femme et nous la lui rendrons, en l'honneur de sa mère. » Ces paroles comblèrent Kandaulès de joie. Ptolémée conclut : « Si tel est ton avis, Antigonos, règle cela toi-même : je confie à mon garde du corps le soin de préparer l'expédition. »

Les soldats se préparèrent donc sous les ordres de Ptolémée, et Alexandre, le jour même, se rendait sur les lieux. Là, « Antigonos » déclara : « Alexandre, il fait encore jour, prenons garde que les Bébryces ne nous voient : si leur prince nous découvre, il tuera la femme de Kandaulès avant le combat. Quelle gloire aurons-nous à le vaincre si Kandaulès ne retrouve pas sa femme ? Attendons plutôt la nuit pour entrer dans la ville et mettons le feu aux maisons ; alors les habitants, d'eux-mêmes, nous remettront la femme. Car nous ne nous battons pas ici pour conquérir un royaume, mais pour reprendre une femme. » Entendant Antigonos parler ainsi, Kandaulès se précipita vers lui et lui dit : « Quelle sagesse, Antigonos ! Si seulement tu étais Alexandre et non son garde du corps ! » Une fois la nuit tombée, ils entrèrent dans la ville ; tout le monde dormait. Ils mirent le feu aux faubourgs. Les habitants se réveillèrent et s'enquirent des causes de l'incendie. Alexandre demanda alors aux soldats de crier très fort : « Le roi Kandaulès arrive avec une armée innombrable. Il vous ordonne de lui rendre sa femme avant qu'il ne livre aux flammes la ville entière ! » Tous les habitants furent ainsi tirés de chez eux. Ils se rendirent au palais, ouvrirent les portes, trouvèrent la femme couchée auprès du prince : ils l'enlevèrent et la remirent à Kandaulès ; quant au prince, ils le tuèrent.

Kandaulès, remerciant Alexandre pour son aide avisée, l'embrassa et lui dit : « Antigonos, fais-moi confiance. Viens chez ma mère, je te donnerai des cadeaux royaux. » Alors Alexandre, ravi, lui répondit : « Demande à mon roi. Pour ma part, j'irai volontiers visiter votre ville. » Et comme il s'était déjà entendu avec Ptolémée pour qu'il le délègue comme son messager, ce dernier dit à Kandaulès : « Je voudrais par une lettre saluer ta mère. Emmène donc avec toi mon messager Antigonos, puis renvoie-le-moi sain et sauf, comme moi je te renvoie sain et sauf avec ta femme. » « Roi, répondit Kandaulès, je me charge de cet homme comme si c'était Alexandre en personne. Je te le renverrai chargé de présents royaux. »

Alexandre se mit donc en route, emmenant avec lui une escorte assez importante, des bêtes de somme et des chariots pour le voyage. Tout en cheminant, il admirait les montagnes diversement colorées par toutes sortes de minéraux, qui s'élevaient vers le ciel jusque dans les nuages, les arbres immenses chargés de fruits merveilleux qui ne poussaient que là et que les Grecs ne connaissaient pas. Il y avait des pommes dorées, jaunes comme les citrons grecs, des grappes de raisin qu'on ne pouvait tenir dans une seule main et des grenades dont les graines étaient plus grosses que des pépins de courge. De nombreux serpents s'enroulaient aux troncs des arbres. On pouvait voir aussi des lézards plus grands que des ichneumons, des singes aussi énormes que les ours en Grèce et des milliers d'autres animaux aux pelages bigarrés et aux formes étranges[166]. Il y avait des sites sacrés, des cavernes souterraines dans lesquelles on pouvait descendre. Kandaulès expliqua : « Antigonos, on appelle ces grottes "le séjour des dieux[167]" ; souvent ils y apparaissent, étendus sur des lits, au roi qui les invoque. Si donc tu le souhaites, tu peux ici offrir une libation et accomplir un sacrifice : les dieux t'apparaîtront. » Ils poursuivirent leur route et arrivèrent à la ville royale. Les frères de Kandaulès et sa mère vinrent à sa rencontre. Et comme ils allaient l'embrasser, Kandaulès leur dit : « Mes frères, avant de m'embrasser, embrassez mon bienfaiteur, l'homme qui a sauvé ma femme : Antigonos, le messager du roi Alexandre. » Et eux : « Comment cela, ton bienfaiteur ? » Alors Kandaulès leur expliqua comment sa femme avait été enlevée par les Bébryces et comment on l'avait secourue. Ses frères et sa mère embrassèrent Alexandre. Un festin somptueux, royal, fut servi.

Le lendemain, Kandaké se présenta, parée de la couronne royale. Elle était encore très imposante et ressemblait à une déesse ; Alexandre crut voir sa mère Olympias. Il visita le palais aux murs de pierre, dont les toits couverts d'or resplendissaient. Il vit des tapis de soie brodés d'or, des lits de repos aux pieds ornés de grosses perles et d'aigues-marines, des chaises longues faites de lanières de cuir entrelacées, des tables incrustées de clous d'ivoire, des colonnes médiques dont les chapiteaux d'ébène luisaient. Il y avait aussi d'innombrables statues de bronze ; des chars à faux taillés dans du porphyre, avec leurs cochers et leurs chevaux qui semblaient s'élancer pour courir ; des éléphants sculptés dans la même pierre, en train d'écraser des ennemis sous leurs pieds ou de les faire tournoyer en l'air avec leur trompe. Tous les temples avaient des colonnes taillées d'une seule pièce dans la pierre. Ils renfermaient des statues de dieux barbares qui emplissaient de crainte ceux qui les regardaient, car elles semblaient couvertes de sang. Les poutres qui soutenaient le toit s'élevaient dans le ciel aussi haut que des platanes ou des cyprès. Un fleuve coulait là dont les eaux roulaient des paillettes d'or, tel un autre Pactole[168]. Des vergers aux arbres régulièrement alignés regorgeaient de fruits mûrs. Devant toutes ces merveilles, Alexandre restait frappé d'étonnement et d'admiration.

Il était l'hôte des frères de Kandaulès. Ce dernier fit venir sa mère et lui demanda d'offrir à ce messager plein de sagesse des présents dignes de lui avant de lui donner congé. Le lendemain, Kandaké, prenant Antigonos par la main, lui fit visiter ses appartements. Les murs étaient faits d'une pierre transparente comme l'air, si bien que le soleil brillant au travers semblait se lever à l'intérieur des pièces. Il y avait une salle à manger dont les trois lits étaient d'un bois incorruptible, que ni la pourriture ni le feu ne pouvaient attaquer. Il y avait aussi une maison mobile : sa base reposait non pas sur le sol, mais sur d'énormes pièces de bois carrées, et elle était tirée sur des roues par vingt éléphants ; quand le roi partait en guerre contre une autre ville, c'est là qu'il résidait. Alexandre dit à la reine Kandaké : « Tout cela susciterait vraiment l'admiration si c'était chez les Grecs au lieu d'être chez toi : ici, même les montagnes sont merveilleusement colorées ! » Cette réflexion fâcha la reine qui répliqua : « Tu as raison, Alexandre. » Et lui, stupéfait d'entendre prononcer son nom, détourna la tête.

— Pourquoi as-tu détourné la tête quand je t'ai appelé Alexandre ?

— Reine, je m'appelle Antigonos, je suis le messager d'Alexandre !

— Même si tu te fais appeler Antigonos, tu es pour moi le roi Alexandre : je vais te le prouver à l'instant.

Le tenant par la main, elle l'entraîna dans sa chambre :

— Reconnais-tu ton portrait ? Pourquoi trembles-tu ? Qu'est-ce qui te trouble ? Toi le vainqueur de la Perse, toi le vainqueur de l'Inde, toi qui as enlevé des trophées aux Mèdes et aux Parthes, voici qu'aujourd'hui, sans guerre ni campagne, tu es tombé entre les mains de la reine Kandaké ! Sache-le donc, Alexandre : qui se croit supérieur aux autres trouve toujours quelqu'un de supérieur à lui.

Alexandre était furieux et grinçait des dents. Kandaké insista :

— Pourquoi es-tu furieux ? Pourquoi grinces-tu des dents ? Que peux-tu faire, toi, un si puissant roi ?

— Si je grince des dents et si je suis furieux, c'est parce que je n'ai pas mon épée !

— Quand bien même tu l'aurais, que pourrais-tu en faire ?

— Si j'avais mon épée, je commencerais par te tuer, toi, pour retrouver ma liberté, puis je me tuerais moi-même parce que je me suis trahi.

— Voilà qui serait noble et bien digne d'un roi ! Mais ne crains rien, Alexandre. Tu as sauvé mon enfant et sa femme qui étaient entre les mains des Bébryces ; moi de même, je te protégerai des Barbares en ne disant pas que tu es Alexandre. Car s'ils l'apprennent, ils te tueront sur-le-champ parce que tu as tué Poros : la femme de mon plus jeune fils est la fille de Poros. Fais-toi donc appeler Antigonos. Pour ma part, je garderai ton secret.

Sur ce, Kandaké sortit avec Alexandre et dit :

— Kandaulès, mon fils, et Marpessa, ma fille, si vous n'aviez pas eu la chance de rencontrer l'armée d'Alexandre, je n'aurais pas revu mon fils, et toi, Kandaulès, tu n'aurais pas retrouvé ta femme. Témoignons donc notre reconnaissance au messager d'Alexandre et offrons-lui des cadeaux.

— Tu as raison, mère, approuva Karagos, le second fils de Kandaké. Alexandre a sauvé mon frère et sa femme, donnons-lui ce que tu veux.

— Non, mère, arrête, intervint le troisième fils. Ma femme souffre parce que son père a été tué par

Alexandre. Elle veut donc le faire souffrir à son tour et, puisqu'elle l'a sous la main, tuer son messager, cet Antigonos que voici.

— Mon enfant, répondit Kandaké, que gagneras-tu à châtier cet homme ? Tu peux le tuer, Alexandre s'en moque !

— Cet homme nous a sauvés, ma femme et moi, ajouta Kandaulès ; je dois le renvoyer sain et sauf à Alexandre.

— Eh bien, reprit le plus jeune, puisque nous ne sommes pas d'accord à son sujet, battons-nous !

— Pour ma part, répondit Kandaulès, je n'en ai pas envie, mais si tu le veux, tu me trouveras prêt !

Alors Kandaké, craignant que ses fils n'en viennent à se battre, prit Alexandre à part : « Toi qui es si ingénieux, ne peux-tu pas trouver une idée pour empêcher mes fils de se faire la guerre à cause de toi ? » Alexandre prit alors la parole : « Karagos, dit-il, et toi, Kandaulès, vous pouvez me tuer ici, Alexandre s'en moque : les messagers n'ont pas assez de prix pour qu'on se batte pour eux ! Même si vous me tuez, Alexandre n'en manquera pas, il en a encore bien d'autres pour me remplacer. Par contre, si vous voulez que je vous aide à vous emparer facilement de votre ennemi Alexandre, engagez-vous à me donner une partie des présents qui lui sont destinés. Je resterai chez vous et je ferai venir Alexandre ici, prétendant que vous souhaitez lui remettre en mains propres les cadeaux que vous avez préparés pour lui. Vous aurez alors votre ennemi sous la main, vous vous vengerez et vous serez tranquilles. » Les frères furent convaincus et Kandaké, admirant l'esprit d'Alexandre, lui dit en particulier : « Ah ! Alexandre, si seulement tu étais toi aussi mon fils et si je pouvais, grâce à toi, régner sur toutes les nations ! Car ce n'est pas la guerre qui t'a rendu maître des villes que tu as prises, c'est ta grande intelligence. » Alexandre se réjouit de se trouver chez eux en sécurité, puisque Kandaké gardait fermement son secret.

Quand il partit quelques jours plus tard, Kandaké lui offrit des présents royaux : une couronne de diamants de plusieurs talents, une cuirasse ornée de grosses perles et d'aigues-marines, et une chlamyde de pourpre constellée d'étoiles d'or. Elle le pourvut de vivres et le fit accompagner par ses propres soldats.

Après avoir marché le nombre de jours qu'il fallait, Alexandre parvint à l'endroit où se trouvait la grotte que Kandaulès lui avait signalée, disant que des dieux y séjournaient. Il offrit un sacrifice et versa des libations ; puis il pénétra à l'intérieur avec quelques soldats. Là, il vit une brume lumineuse, scintillante d'étoiles dont le rayonnement faisait étinceler les voûtes. On y distinguait des silhouettes et, dans le silence, on percevait un murmure étouffé. Il aperçut des personnages qui reposaient, étendus ; leur regard rayonnait de lumière. L'un d'eux se mit à parler :

— Bienvenue, Alexandre ! Sais-tu qui je suis ?

— Non, Seigneur.

— Je suis le roi Sésonchosis, maître du monde[169] ; je vis désormais parmi les dieux. Mais je n'ai pas eu, comme toi, le bonheur d'avoir un nom immortel.

— Comment cela, Seigneur ?

— J'ai soumis la terre entière, j'ai vaincu tant et tant de nations, et mon nom est inconnu ! Toi, au contraire, tu seras célèbre pour avoir fondé en Egypte une ville chérie des dieux, Alexandrie. Mais approche, et tu verras le créateur et le maître de tout l'univers[170].

Le roi s'avança et vit, nimbé de lumière, un dieu siégeant sur un trône, le dieu qu'il avait vu jadis à Rhakotis, devant lequel les hommes venaient se prosterner, le Seigneur Sarapis. Il demanda : « Qu'est-ce donc, immortelle divinité, principe de l'univers ? Je t'ai vu siéger sur un trône en Libye et aujourd'hui je te retrouve ici ! » Sésonchosis, qui se trouvait à côté d'Alexandre, lui répondit : « Ce dieu se tient en un seul lieu mais on peut le voir partout, comme le ciel, qu'on voit partout alors qu'il n'occupe qu'un niveau défini dans les hauteurs. » Alexandre demanda : « Seigneur dieu, combien d'années vivrai-je ? » Sésonchosis répondit : « Il est beau, pour un mortel, de ne pas savoir l'heure de sa mort. Car dès le moment qu'il la connaît, il en attend le jour, et c'est comme s'il était déjà mort. Au contraire, ignorer quand cela va arriver permet de ne pas y songer, de n'avoir pas sans cesse à l'esprit la pensée qu'on va disparaître complètement. Ce que je peux te dire, c'est que la ville que tu as fondée sera célèbre dans le monde entier. Beaucoup de rois viendront fouler son sol et se prosterneront devant toi comme devant un dieu. Tu l'habiteras, mort sans être mort. Car tu auras pour tombeau la ville que tu as fondée. »

Après avoir reçu ce message divin, Alexandre sortit de la grotte et, en compagnie des siens, il reprit sa route. Ses satrapes vinrent à sa rencontre, le couronnèrent de son diadème et lui remirent son manteau royal[171].

Il se rendit ensuite au pays des Amazones[172]. Parvenu non loin de chez elles, il leur adressa cette lettre :

« Le roi Alexandre salue les Amazones. Je pense que vous avez entendu parler de mon combat contre Darius. Nous avons ensuite fait campagne aux Indes, où nous avons rencontré ceux qui sont considérés là-bas comme des rois, et qui sont aussi des gymnosophistes. Ils nous ont versé un tribut et nous leur avons permis de demeurer chez eux, puisque c'est eux qui nous avaient invités; comme nous avions pacifié la région, ils nous ont accueillis avec plaisir et ont offert pour nous un sacrifice. Poursuivant notre route, nous sommes venus jusqu'à vous; venez donc à notre rencontre, car nous ne voulons pas vous attaquer mais seulement visiter votre pays et, en même temps, vous faire du bien. Portez-vous bien. »

Après avoir lu cette lettre, les Amazones répondirent :

« Nous, les plus valeureuses des Amazones, les chefs de leur armée, nous saluons le roi Alexandre. Cette lettre a pour objet de t'avertir avant que tu ne poses le pied sur notre sol, et de t'éviter ainsi une humiliante défaite. Elle va t'éclairer sur notre pays et sur notre dur mode de vie. Nous habitons dans une île au milieu du fleuve des Amazones. Pour faire le tour de cette île, il faut marcher pendant un an; le fleuve l'encercle, qui n'a ni commencement ni fin; pour y pénétrer, il n'y a qu'un seul accès. Nous sommes deux cent mille à vivre ici, nous sommes vierges et nous portons les armes. Il n'y a pas d'hommes chez nous : les hommes vivent de l'autre côté du fleuve, ils exploitent la terre. Chaque année, nous nous rassemblons pour une fête solennelle où nous sacrifions des chevaux à Zeus, à Poséidon et à Héphaïstos. Cela dure trente jours. Nous franchissons alors le fleuve pour nous rendre chez les hommes et ils peuvent s'unir à nous au cours de ces trente jours. Celles d'entre nous qui se laissent séduire restent là-bas chez les hommes. Les filles qu'elles mettent au monde passent chez nous quand elles atteignent l'âge de sept ans. Quand des ennemis marchent contre nous, nous sommes plus de cent vingt mille à partir à cheval — les autres gardent l'île — et nous avançons à leur rencontre jusqu'aux frontières. Les hommes, rangés derrière nous, nous accompagnent. Si une Amazone est blessée au combat, elle est nourrie à la table sacrée de Zeus et, pendant deux jours, toutes les autres viennent se prosterner devant elle; elle reçoit une couronne qui fait à jamais la gloire de sa famille. Si l'une d'entre nous meurt en combattant, ses proches reçoivent des richesses en abondance. Quant à celle qui ramène la dépouille d'un ennemi, elle est récompensée par une importante quantité d'or et d'argent, et elle est nourrie pendant toute sa vie. Nous rivalisons donc entre nous pour notre propre gloire. Si nous écrasons nos ennemis ou si nous les mettons en fuite, il ne leur reste qu'une éternité de honte; et s'ils emportent la victoire, ce n'est jamais qu'une victoire sur des femmes. Prends donc garde, roi, de ne pas te trouver dans une telle situation! Nous proposons de t'offrir, chaque année, une couronne de la valeur que tu fixeras. Réfléchis et fais-nous connaître ta réponse. Tu trouveras notre camp à la frontière. »

Cette lettre fit sourire Alexandre. Il écrivit en retour :

« Le roi Alexandre salue les Amazones. Nous avons étendu notre domination sur les trois parties du monde habité[173] et nous n'avons cessé d'élever partout des trophées. La honte, pour nous, ce serait de reculer devant vous. Si vous souhaitez périr et faire de votre pays un désert, restez donc sur la frontière. Par contre, si vous voulez demeurer en paix chez vous et éviter l'épreuve d'une guerre, franchissez le fleuve et présentez-vous à nous. Que les hommes, eux aussi, se rangent dans la plaine. Si vous agissez ainsi, je jure par Zeus notre père, par Héra, par Arès et par Athéna Nicéphore, de ne vous faire aucun tort. J'accepterai de vous le tribut que vous voudrez me donner et nous n'entrerons pas chez vous. Choisissez des cavalières et envoyez-les auprès de nous : tous les mois, nous donnerons à chacune cinq mines[174] d'or. Au bout d'un an, elles retourneront chez elles et vous nous en enverrez d'autres. Écrivez-nous ce que vous pensez de ces propositions. Portez-vous bien. »

Les Amazones se concertèrent et répondirent à Alexandre :

« Nous, les plus valeureuses des Amazones, les chefs de leur armée, nous saluons le roi Alexandre. Nous t'autorisons à venir chez nous et à visiter notre pays. Nous avons décidé de te donner chaque année cent talents d'or. Nous avons envoyé à ta rencontre les cinq cents plus valeureuses d'entre nous ; elles t'apportent l'argent du tribut et cent chevaux de race. Elles passeront un an avec toi. Si l'une d'elles est prise par un étranger, elle restera avec vous, ayant enfreint les lois de nos ancêtres. Écris-nous combien tu veux en garder avec toi, renvoie celles qui sont en trop, tu en recevras d'autres ensuite. Présent ou absent, nous t'obéirons. Car nous connaissons ta vaillance et ta loyauté. Tu as parcouru la totalité du monde habité ; en regard de cela, nous ne sommes rien : pourquoi nous opposerions-nous à tes desseins ? Nous avons donc choisi de demeurer en paix chez nous et de t'obéir. »

Alexandre reprit ensuite la route pour le pays des Prasiens[175]. Les soldats étaient complètement découragés : en plein été, il ne cessa de pleuvoir durant quarante jours. Les courroies des boucliers pourrissaient ainsi que les mors des chevaux. De nombreux fantassins avaient leurs chaussures trempées et se blessaient en marchant pieds nus. A peine la pluie eut-elle cessé qu'il se mit à faire une chaleur insupportable. Il y eut aussi de très violents coups de tonnerre et des éclairs qui se succédaient sans interruption. Les soldats entendirent résonner des voix étranges et furent témoins de plusieurs prodiges du même genre. S'apprêtant à franchir l'Hypanis, Alexandre s'informa auprès des indigènes de l'importance de l'armée du roi qui régnait de l'autre côté, dans le pays des Prasiens. Ce pays se trouvait au bord de l'Océan. On lui fit savoir qu'il y avait là cinq mille éléphants à l'étable, dix mille chars et plusieurs milliers d'hommes. Alexandre, en homme sensé, se contenta de piller la région qui se trouvait en deçà du fleuve et le reste des Indes. Il fit élever des autels sur lesquels les soldats allumèrent des feux et il accomplit des sacrifices en l'honneur des dieux[176].

Il reçut du philosophe Aristote la lettre suivante[177] :

« Aristote salue le roi Alexandre. Je suis vraiment embarrassé, ne sachant ni par où commencer, ni par quoi continuer, ni comment finir. Zeus et Poséidon me sont témoins qu'avant toute chose je rends grâces à tous les dieux et à toutes les déesses pour tes succès éclatants et tes exploits glorieux. Luttes, combats, dangers, tu as tout affronté sans que rien ne t'arrête. Aux Indes, tu as subi deux fois, peut-être plus, les rigueurs de l'hiver et tu en es sorti sain et sauf. Quiconque a l'audace de s'aventurer dans ce pays ne peut que laisser après lui le souvenir illustre d'exploits éclatants et extraordinaires ! Tu es un stratège et un combattant de grande valeur, il n'est pas difficile de le reconnaître, un Nestor par ta sagesse, et, au combat, valeureux comme un autre Ulysse, celui qui de tant d'hommes découvrit les cités et connut les pensées[178].

« Tout ce que j'évoque ici, tu l'as fait alors que tu n'as qu'une trentaine d'années. Voici ce qu'on dit à ce propos : "Alexandre de Macédoine a marché du Couchant en direction du Levant. Ethiopiens et Scythes l'ont accueilli avec joie, ceux-là où se couche Hypérion, ceux-ci où il se lève[179]."

« Quant aux audacieux qui ont tenté de te résister, ils ont fini eux aussi par t'envoyer des ambassadeurs pour te demander ton amitié. Je t'applaudis, roi égal aux dieux. Porte-toi bien. »

A la tête de son armée, Alexandre reprit sa route en direction de Babylone[180]. A son arrivée, il fut reçu avec éclat ; il offrit des sacrifices aux dieux et organisa des concours de gymnastique et de musique.

Il écrivit aussi à sa mère Olympias une lettre personnelle pour lui raconter ce qu'il avait fait. La voici[181] :

« Ce que nous avons fait au début de notre campagne jusqu'aux événements d'Asie, je pense que mes précédentes lettres te l'ont déjà appris. Je veux maintenant te parler de notre marche vers l'intérieur du pays. Je me suis donc rendu à Babylone où j'ai recruté environ soixante-douze mille hommes. J'ai alors entrepris une autre expédition et, après une longue marche, je suis arrivé en quatre-vingt-quinze jours aux colonnes d'Héraclès. On raconte en effet qu'Héraclès, pour marquer le terme d'une expédition qu'il avait menée dans cette région, a élevé deux colonnes, l'une d'or, l'autre d'argent, hautes de douze coudées et larges de deux. Voulant vérifier si elles étaient pleines, j'ai offert un sacrifice à Héraclès et j'ai fait percer l'une des colonnes : elle était en or massif. Pour reboucher le trou, il a fallu utiliser mille cinq cents lingots d'or. De là, je suis revenu à travers des contrées désertiques et ravinées ; la poussière était si dense qu'on ne pouvait reconnaître son voisin. C'est tout ce que j'ai à dire de ces lieux.

« Au bout de sept jours de marche, nous avons rejoint le Thermodon ; ce fleuve traverse une plaine fertile et se jette dans le Pont. Là vivent les Amazones. Ce sont des femmes d'une taille et d'une beauté extraordinaires, qui surpassent de loin toutes les autres femmes. Elles ont des chevaux magnifiques. Elles portent une tunique brodée et sont armées de haches d'argent : il n'y a chez elles ni fer ni bronze. Elles brillent d'intelligence et d'esprit. Nous longions donc le fleuve sans pouvoir le traverser pour nous rendre chez les Amazones, car il est large, plein de bêtes sauvages et d'écueils, donc infranchissable. Mais elles l'ont passé, elles, et se sont rangées en face de nous en ordre de bataille. Après avoir reçu d'elles un tribut, nous sommes repartis en direction de la mer Erythrée.

« Parvenus à un passage resserré — à droite une haute montagne, à gauche, la mer — nous avons sacrifié à Poséidon dix jeunes chevaux. Nous avons pris un peu de repos avant de poursuivre notre route jusqu'au fleuve Atlas[182]. On ne distinguait ni terre ni ciel. Là vivaient toutes sortes de peuplades : nous avons vu des hommes à tête de chien, d'autres sans tête, qui avaient les yeux et la bouche sur la poitrine, ainsi que des Troglodytes, sauvages qui vivent sous la terre.

« A une journée de navigation se trouvait une terre. Nous nous y sommes rendus et nous avons découvert la cité du Soleil[183]. C'était une ville qui mesurait cent vingt stades de périmètre ; on y comptait quatorze tours d'or et d'émeraude ; les remparts étaient en pierre des Indes. Au cœur de la cité s'élevait une pyramide d'or et d'émeraude qui comptait soixante marches ; au sommet se trouvait un char attelé de chevaux, d'or et d'émeraude également. Mais il faisait sombre et nous ne pouvions pas bien voir. Le prêtre du Soleil était un Ethiopien. Nous avons offert un sacrifice au Soleil, puis, comme il n'y avait toujours pas de lumière, nous sommes repartis, guidés par des Perses qui portaient devant nous des flambeaux d'argent et éclairaient notre route.

« Nous avons rejoint le Tanaïs, fleuve qui marque la limite entre l'Asie et l'Europe[184]. Nous nous sommes rendus dans les villes royales de Cyrus et de Xerxès. Nous avons vu là quantité de demeures magnifiques, remplies d'or et d'argent, toutes sortes de coupes extraordinaires et d'autres objets précieux[185]. Nous avons vu également le vaste bâtiment allongé où le roi avait coutume de tenir des audiences publiques. Il y avait là, nous a-t-on dit, un oiseau qui parlait avec une voix humaine ; de fait, on pouvait voir au centre de la salle une cage en or suspendue au plafond, dans laquelle se trouvait un oiseau qui ressemblait à un pigeon. Cet oiseau, nous a-t-on dit, donnait des conseils aux rois et était déjà très vieux. Je voulais le prendre pour te l'envoyer, mais le prêtre m'a dit qu'il était sacré. Nous avons vu aussi, à Suse, dans le palais, un cratère d'argent qui contenait trois cent soixante mesures. Nous avons vérifié sa contenance lors d'un immense banquet, à l'occasion d'un sacrifice d'action de grâces[186]. Là aussi, il y avait un édifice, de style grec, où le roi avait coutume de tenir ses audiences. Au centre se dressait un trône d'or : c'est là, paraît-il, que siégeait le roi quand il recevait des ambassadeurs grecs. Cette salle renfermait aussi un véritable chef-d'œuvre, une lyre qui résonnait harmonieusement grâce à un mécanisme automatique. De part et d'autre du trône se trouvaient des dressoirs en or pour ranger les coupes ; l'un avait seize coudées de large, avec douze étagères, et l'autre, à côté, mesurait vingt-sept coudées. Au sommet de chacun se tenait un aigle d'or dont les ailes déployées couvraient toute la largeur du meuble. Il y avait aussi un plant de vigne à sept rameaux tout en or, un peuplier blanc, un platane, un myrte, tout cela merveilleusement ouvragé. Que te dire de plus ? Nous avons vu tant de choses que je ne peux parler de tout ! »

Alexandre envoya sa lettre à sa mère. Quelques jours plus tard, comme il se trouvait à Babylone et que l'heure de sa mort approchait, la divinité annonça l'événement de façon éclatante par le prodige suivant : une des femmes du pays mit au monde un nourrisson dont le haut du corps, jusqu'au nombril, était celui d'un enfant normal, tandis que le reste était un assemblage des parties antérieures de diverses bêtes sauvages. L'ensemble évoquait les représentations que l'on fait de Scylla, à ceci près que les animaux n'étaient pas les mêmes et que leur nombre différait[187]. Il y avait en effet des têtes de lions, de panthères et de loups. Ces figures d'animaux bougeaient, et chaque espèce était parfaitement reconnaissable. Le haut de l'enfant, par contre, était mort. Dès que la femme eut mis au monde ce nourrisson, elle le cacha dans les plis de ses vêtements et se rendit à la cour d'Alexandre : « Conduisez-moi auprès du roi, dit-elle alors, j'ai quelque chose de très important à lui montrer. » Alexandre était couché, il faisait la sieste. On le réveilla, on lui parla de cette femme, il la fit appeler. Celle-ci entra et fit sortir tous ceux qui se trouvaient dans la pièce. Quand tout le monde fut dehors, elle découvrit l'enfant et montra à Alexandre le nouveau-né monstrueux, expliquant que c'était elle qui l'avait mis au monde. Alexandre resta stupéfait. Il convoqua les mages et les Chaldéens[188] et leur demanda d'interpréter ce prodige, les menaçant de châtiment ou même de mort s'ils ne disaient pas la vérité. Parmi les Chaldéens, il y en avait cinq qui étaient particulièrement renommés pour leur perspicacité. Il se trouva que le meilleur d'entre eux n'était pas alors à Babylone : il était parti pour un petit voyage. Ceux qui étaient présents expliquèrent qu'Alexandre serait pour ses ennemis un adversaire d'une très grande puissance, tout à fait redoutable, et qu'il se rendrait maître de tous les hommes : les animaux pleins de vigueur qui se trouvaient sous le buste de l'enfant signifiaient, selon eux, qu'il triompherait même des plus puissants sans jamais rencontrer plus fort que lui. Sur ce, les interprètes se retirèrent. C'est alors que l'autre Chaldéen, rentrant de son voyage, se rendit auprès d'Alexandre. Lorsqu'il vit le prodige, il poussa un grand cri, déchira son manteau en se lamentant et se mit à verser des larmes sur le sort d'Alexandre, appelé à mourir si jeune. Alexandre, le voyant bouleversé, s'inquiéta vivement et lui ordonna de révéler sans crainte ce qu'il voyait dans le signe. « Roi, dit-il alors, tu ne comptes plus au nombre des vivants, ta vie d'homme touche à son terme. » Et comme Alexandre lui demandait comment il en arrivait à cette conclusion, il répondit : « Tout-puissant, la partie humaine, c'est toi, les figures d'animaux, ce sont ceux qui t'entourent. Si le haut du corps était en vie et bougeait comme les bêtes qui sont en dessous, ce serait bon signe. Mais cette partie a cessé de vivre ; toi, de même, tu vas nous quitter pour rejoindre ceux qui ne sont plus. Les bêtes qui forment le bas du corps, loin de vivre harmonieusement avec les hommes, cherchent au contraire à leur nuire ; telles sont envers toi les dispositions de ceux qui t'entourent. A ta mort, le monde entier subira un terrible raz de marée ; tes compagnons se jetteront les uns sur les autres et s'entre-tueront[189]. » Le Chaldéen déclara ensuite qu'il fallait brûler le nourrisson, puis il sortit. Alors Alexandre prononça cette prière : « O Zeus, permets-moi d'achever mon œuvre. Et, si tu le juges bon, reçois-moi, à mon tour, comme troisième mortel. » Il faisait ainsi allusion à Dionysos et à Héraclès, à qui leurs glorieux exploits ont valu d'être admis parmi les dieux. Il estimait que ses hauts faits, accomplis devant la terre entière, le rendaient digne, lui aussi, d'être convié comme troisième mortel à la table des dieux.

La mère d'Alexandre, Olympias, lui avait écrit à plusieurs reprises pour se plaindre d'Antipater[190] : elle, la mère d'Alexandre, était méprisée ; Antipater parlait sans aucune retenue, il lui avait même enjoint de s'exiler ; c'est pourquoi elle avait l'intention de fuir en Epire, comme elle l'avait déjà dit. Alexandre voulut libérer sa mère de la présence hostile d'Antipater en faisant venir ce dernier auprès de lui : il envoya Cratère en Macédoine. Antipater comprit qu'Alexandre projetait de le faire servir dans l'armée ; craignant de tomber en disgrâce, il conçut le dessein de le faire disparaître. Il avait en effet entendu dire — et l'avait pensé de lui-même — qu'Alexandre, fier de ses succès, s'abandonnait à l'orgueil. Il se fit donc apporter un poison qu'il savait très violent ; il le déposa dans un sabot de mule évidé afin de n'en rien perdre — aucun autre récipient, de bronze ou de céramique, n'aurait pu supporter la violence de ce poison : il se serait brisé immédiatement ; il plaça ensuite le sabot dans une boîte de fer qu'il remit à son fils Cassandre. Celui-ci était chargé de se rendre auprès d'Alexandre avec des cadeaux et il devait, une fois là-bas, s'entendre avec son frère Iollas sur la façon de donner le poison.

Quand Cassandre arriva à Babylone, Alexandre était occupé à faire des sacrifices et à recevoir des ambassadeurs étrangers. Il s'entretint avec Iollas, qui était le grand échanson d'Alexandre. Il se trouve que, peu de jours auparavant, Iollas avait été frappé par Alexandre d'un coup de baguette à la tête pour indiscipline : le jeune homme en fut vivement irrité, et il accepta avec joie le forfait qu'on lui proposait. Il prit comme complice son amant, le Thessalien Médios, qui était aussi un ami d'Alexandre. Celui-ci, comme Iollas, avait à se plaindre d'Alexandre. Il était donc tout disposé à se charger de lui faire boire le poison.

Alexandre cependant passait le temps agréablement, en compagnie de ses amis et des nombreux acteurs qui étaient venus à Babylone, espérant une couronne à l'occasion du concours de théâtre qu'il avait organisé. Le roi avait d'ailleurs lui-même participé à ce concours et célébrait par un banquet ses brillants succès qui l'avaient rendu tout joyeux. Comme il se levait pour aller se reposer, Médios s'avança vers lui et l'invita à rejoindre ses meilleurs amis qui, disait-il, s'étaient réunis en son honneur. Alexandre, séduit par la proposition de Médios, se rendit au banquet. Il y avait là vingt convives : Perdiccas, Méléagre, Python, Léonnatos, Assandros, Peucestas, Ptolémée, Lysimaque, le médecin Philippe, Néarque le Crétois, Stasanor, Héraclide de Thrace, Séleucos d'Europe, Ariston de Pharsale, l'ingénieur Philippe, Philotas, Ménandre, Olcias, Eumène et Médios. Parmi eux, Perdiccas, Ptolémée, Olcias, Lysimaque, Eumène et Assandros ignoraient ce qui devait arriver. Tous les autres étaient complices : ils s'étaient entendus avec Iollas et Cassandre et ils avaient prêté serment. Ils désiraient déjà leur part du pouvoir et voyaient d'un mauvais œil celui d'Alexandre, qui, quand il s'emportait, leur faisait peur. Alexandre donc était allongé. Iollas s'avança vers lui et lui présenta la coupe. Puis une discussion destinée à faire passer le temps s'engagea entre les convives, qui continuèrent également à boire. Soudain, Alexandre poussa un grand cri comme s'il avait été frappé d'une flèche en plein foie. Très vite, il domina la douleur et, plié en deux, il invita l'assistance à ne pas interrompre le banquet. Mais les convives, inquiets, y mirent fin aussitôt et sortirent pour attendre la suite des événements. Alexandre, qui voulait rejeter tout le vin qu'il avait bu, demanda une plume — car c'est ainsi qu'il avait coutume de se faire vomir. Iollas lui en tendit une après l'avoir enduite de poison. Le poison agit alors violemment puisqu'il passa dans le corps sans être dilué. Alexandre, secoué de spasmes, essayait en vain de vomir ; en proie à de violentes douleurs, il tint bon toute la nuit avec courage. Mais au matin, comprenant que son cas était grave, incapable de parler distinctement parce que sa langue avait enflé, il éloigna tout le monde pour mettre au point dans le calme et la solitude ses dernières volontés. Cassandre, lui, était parti comme convenu au cours de la nuit en direction des montagnes de Cilicie, où son frère Iollas devait le rejoindre : ils avaient tous deux décidé de disparaître complètement si Alexandre mourait. Il chargea le mari de sa nourrice de se rendre par la mer en Macédoine pour remettre à son père une lettre codée : il y annonçait que sa mission était accomplie.

A la tombée de la nuit, Alexandre fit sortir tout le monde de chez lui, y compris les petites servantes et les tout jeunes garçons qui étaient à son service. Il éloigna même Kambobaphès et Roxane, son épouse. Une des portes de la maison donnait sur l'Euphrate, qui traverse Babylone. Alexandre la fit ouvrir et interdit à quiconque de se tenir là — d'ordinaire, la porte était gardée. Tous donc se retirèrent. A minuit, Alexandre se leva de son lit, éteignit sa lampe et, sortant par cette porte, il se traîna en rampant jusqu'au fleuve. Parvenu sur la berge, il jeta un regard autour de lui ; et là, il vit sa femme Roxane qui accourait vers lui. Elle avait deviné, quand il les avait fait sortir, elle et tous les autres, qu'il méditait un acte à la mesure de son audace. Elle l'avait alors suivi quand il était sorti secrètement, dans l'obscurité, guidée par ses gémissements qui, bien que faibles, suffisaient à lui indiquer le chemin. Comme il restait silencieux, elle le prit dans ses bras et lui dit :

— Alexandre, tu m'abandonnes pour te livrer à la mort ?

— O Roxane, lui répondit-il, tu ne gagneras pas grand-chose à me priver de cette gloire. Mais que nul ne sache jamais rien de cela !

Et, soutenu par elle, il regagna secrètement sa demeure[191].

Le lendemain matin, il appela Perdiccas, Ptolémée et Lysimaque auprès de lui et leur déclara qu'il ne voulait voir personne tant qu'il n'aurait pas réglé ses affaires. Puis il se consacra à la rédaction de son testament, assisté de deux jeunes esclaves, Kombarès et Hermogène. Perdiccas soupçonnait Alexandre de vouloir léguer son royaume à Ptolémée, car Alexandre avait souvent parlé devant lui de la naissance de ce dernier, et Olympias elle-même avait révélé qu'il était un fils de Philippe. Il prit donc Ptolémée à part et lui fit jurer que, s'il héritait d'Alexandre, ils se mettraient tous deux d'accord pour se partager ses biens. Ptolémée accepta de prêter serment sans se douter un instant des intentions de Perdiccas, car lui-même croyait que l'héritier serait Perdiccas ; Alexandre en effet l'estimait plus que tout autre pour sa bravoure et son intelligence. Il lui fit donc à son tour prêter le même serment[192].

Alexandre passa cette journée et la nuit suivante à écrire. Puis il convoqua Perdiccas, Olcias, Ptolémée et Lysimaque. A peine furent-ils entrés que les Macédoniens se précipitèrent en criant dans la cour du palais, menaçant de tuer les gardes si on ne leur montrait pas le roi. Comme Alexandre s'étonnait de ce vacarme, Perdiccas lui expliqua ce que réclamaient les Macédoniens. Alexandre fit alors transporter son lit dans une pièce où les soldats pourraient le voir en défilant auprès de lui : ils devaient entrer, vêtus d'une simple tunique, et ressortir par une autre porte, cela pour éviter d'éventuels désordres. Perdiccas communiqua aux Macédoniens les dispositions prises par le roi. Ceux-ci entrèrent alors. Venant à lui l'un après l'autre, ils le réconfortaient ; tous pleuraient sur le malheur qui avait frappé un roi si jeune. Parmi eux, un certain Peucolaos, simple soldat sans grade particulier mais d'une très grande dignité, s'approcha d'Alexandre et lui dit : « Alexandre, Philippe a été un bon roi pour la Macédoine ; et toi aussi, tu as été un bon roi. » Puis, changeant de langue, il poursuivit en macédonien : « Si tu nous quittes, dit-il en versant des larmes, la Macédoine est perdue. Le mieux serait, si tu meurs, que les Macédoniens t'accompagnent dans la mort, toi par qui la Macédoine est devenue digne de Zeus. » Alors Alexandre en pleurant tendit sa main droite et serra celle du Macédonien, cherchant ainsi à le consoler[193].

Quand les Macédoniens furent tous passés devant lui, Alexandre rappela Perdiccas et les autres, et il pria Olcias de lire son testament[194]. Ptolémée s'avança vers lui et demanda : « Alexandre, à qui lègues-tu ton royaume ? » Alexandre répondit : « A celui qui sera assez fort pour vouloir sauver et achever mon œuvre. » Aussitôt après, tout fut plongé dans les ténèbres. On vit alors une grande étoile, et avec elle un grand aigle, tomber du ciel dans la mer ; en même temps la statue de Zeus en bronze qui se trouvait à Babylone oscilla sur sa base. Puis on vit à nouveau l'étoile s'élever vers le ciel, avec l'aigle qui tenait une autre étoile, resplendissante. Dès que l'étoile eut disparu dans le ciel, Alexandre ferma les yeux[195].

Une dispute s'éleva : les Perses voulaient faire ramener le corps du roi à Persépolis et se prosterner devant lui comme devant le dieu Mithra ; les Macédoniens s'y opposaient, ils voulaient l'emmener en Macédoine. Ptolémée leur dit : « Il y a à Babylone un oracle de Zeus ; je vais aller le consulter pour savoir où transporter la dépouille d'Alexandre. » Zeus, interrogé, répondit : « L'oracle que je vous rends vous mettra tous d'accord. Au bord du Nil, près des flots de l'Océan, non loin du pays des Amazones, se trouve une ville très riche entourée de terres royales ; son nom est Memphis. C'est là-bas que tu conduiras pour qu'il y repose ce fils des Immortels et tu l'honoreras comme roi aux cornes de bélier. » Conformément à cet oracle, Ptolémée fit transporter le corps en Egypte. Il le déposa dans un sarcophage de plomb qu'il emplit de miel des îles, d'aloès et de myrrhe des Troglodytes. Puis il plaça ce sarcophage sur un char tiré par des mules et fit ainsi la route jusqu'en Egypte. Quand ils arrivèrent à Péluse, les habitants de Memphis vinrent au-devant d'eux avec des joueurs de flûte et portant des images de leurs dieux, ainsi que le voulait leur tradition. Ils emmenèrent Alexandre à Memphis comme un nouveau Sésonchosis, le demi-dieu maître du monde. Le Grand Prophète du sanctuaire de Memphis dit alors : « Emmenez-le dans la ville qu'il a fondée lui-même près de Rhakotis; car le lieu où reposera son corps sera troublé sans cesse par des guerres et des luttes. » Ptolémée lui fit alors construire à Alexandrie un monument funéraire qu'on appelle aujourd'hui encore le Tombeau d'Alexandre, et il organisa de somptueuses funérailles[196].

Alexandre au cours de ses guerres vainquit moins de rois qu'il n'en laissa après lui quand il mourut[197]. Il vécut trente-trois ans; il commença à faire la guerre à l'âge de dix-huit ans et guerroya durant sept années, jusqu'à l'âge de vingt-cinq ans; il passa les autres années de sa vie dans la paix, le repos et la joie. Il soumit vingt-deux peuples chez les Barbares et dix chez les Grecs. Il fonda treize villes, qui sont encore habitées aujourd'hui et qui vivent en paix : Alexandrie en l'honneur de son cheval Bucéphale, Alexandrie chez les Perses, Alexandrie en mémoire de sa victoire sur Poros, Alexandrie en Scythie, Alexandrie sur le Tigre, Alexandrie près de Babylone, Alexandrie en Troade, Alexandrie près de Suse, Alexandrie en Egypte... Il naquit le premier jour du mois de Tybi, au lever du soleil, et mourut le quatrième jour du mois de Pharmouthi, au coucher du soleil[198].

Ce qui suit est la copie du partage testamentaire qu'Olcias a reçu d'Alexandre[199] :

« Le roi Alexandre, fils d'Ammon et d'Olympias, salue les troupes, les magistrats, le Conseil et le peuple de Rhodes[200]. Nous nous sommes rendu jusqu'aux colonnes élevées par notre ancêtre Héraclès et nous sommes sur le point de toucher au terme fixé à notre destinée par la Providence divine. Nous avons donc décidé de vous faire connaître par cette lettre les dispositions que nous avons prises : nous pensons en effet que, parmi les Grecs, vous êtes les plus aptes à veiller sur l'œuvre que nous avons accomplie et, en même temps, nous aimons votre ville. C'est pourquoi nous avons aussi écrit à la garnison qui l'occupe de s'en retirer, afin qu'elle recouvre son autonomie et demeure libre pour toujours, dans l'espoir également que vous garderez le souvenir de notre gloire : car nous savons que votre cité sait être reconnaissante et que sa mémoire est fidèle. Nous montrerons de la sorte que nous avons pris soin d'elle autant que de notre propre patrie, ainsi qu'il est digne de nous. Nous avons partagé notre royaume de sorte que chaque région attribuée jouisse de son autonomie, à commencer par celle où nous sommes né et d'où nous nous sommes élevé à une telle gloire. Nous avons ordonné aux gouverneurs de chaque région d'envoyer de leur satrapie en Egypte mille talents d'or monnayé pour les prêtres : c'est là que sera acheminée notre dépouille. Pour l'ordonnance de notre sépulture, nous nous en remettons au jugement des prêtres égyptiens. Que Thèbes soit reconstruite avec les fonds du trésor royal : nous estimons qu'elle a assez souffert et qu'elle a payé par son châtiment les fautes qu'elle a commises envers nous. Qu'on envoie de Macédoine des vivres pour les Thébains exilés qui reviendront s'installer à Thèbes, jusqu'à ce que la région soit abondamment peuplée[201]. Nous avons décidé de vous donner, à vous aussi, une somme de trois cents talents pour l'équipement de votre ville[202], ainsi que soixante-dix-sept trières qui garantiront votre sécurité et votre liberté. Chaque année, pour votre nourriture, les intendants vous livreront deux mille médimnes de blé en provenance d'Egypte, et autant en provenance des régions d'Asie proches de chez vous.

On vous réservera également des terres afin de vous assurer dans l'avenir un approvisionnement suffisant : ne manquant alors de rien, vous mènerez une vie digne de votre cité. Des instructions en ce sens ont été données au gouverneur de Macédoine, Cratère, au satrape d'Egypte, Ptolémée, et, en Asie, à Perdiccas et Antigonos. Nous vous recommandons avec insistance, quand Olcias vous aura remis notre lettre, de considérer les avantages qu'elle présente pour vous et de ne pas oublier que c'est de vous que dépend la prospérité de votre ville ; je suis sûr que mes propos vous convaincront. Ptolémée, gardien de ma dépouille, s'occupera aussi de vous. Tout cela est dans votre intérêt, nous l'avons bien montré. Ne croyez donc pas que ce testament vous a été confié au hasard ; vous servirez d'arbitres entre les gouverneurs du royaume s'il s'élève entre eux quelque désaccord.

« Le roi Alexandre, fils d'Ammon et d'Olympias, désigne pour le moment comme roi de Macédoine le fils de Philippe, Arrhidée[203]. Mais quand sera né de Roxane le fils d'Alexandre, c'est lui qui sera roi et les Macédoniens décideront du nom à lui donner. Si Roxane met au monde une fille, que les Macédoniens choisissent pour roi qui ils voudront s'ils ne veulent pas du fils de Philippe, Arrhidée. Que celui qui aura été choisi respecte les privilèges des Argéades[204], à qui les Macédoniens verseront, en accord avec le roi, la contribution d'usage. Qu'il soit permis à Olympias, la mère d'Alexandre, de résider à Rhodes si les Rhodiens y consentent ; car rien ne peut se faire sans leur accord. Si elle ne veut pas demeurer à Rhodes, qu'elle vive là où il lui plaira ; elle disposera des mêmes ressources que sous le règne de son fils Alexandre.

« En attendant que les Macédoniens aient désigné leur roi, le roi Alexandre, fils d'Ammon et d'Olympias, nomme ceux qui gouverneront son royaume. Que Cratère reçoive toute la Macédoine et qu'il prenne pour femme Cynané, la fille de Philippe, le précédent roi de Macédoine. Que Lysimaque gouverne la Thrace et qu'il prenne pour femme Thessalonique, la fille du roi de Macédoine Philippe. Léonnatos aura la satrapie de l'Hellespont et prendra pour femme Cléodice, la sœur d'Olcias. Eumène, mon secrétaire, aura la Paphlagonie et la Cappadoce. Les habitants des îles sont autorisés à vivre libres, sous la protection des Rhodiens. La Pamphylie, la Cilicie et la Grande Phrygie iront à Antigonos, la Carie à Assandros. Que toutes les régions jusqu'au fleuve Halys soient placées sous le commandement de Pithon. Séleucos, mon garde du corps, aura en partage Babylone et sa province. La Phénicie et ce qu'on appelle la Cœlé-Syrie iront à Méléagre. L'Egypte reviendra à Perdiccas et la Libye à Ptolémée ; ce dernier prendra pour femme Cléopâtre, la sœur d'Alexandre. Sur les peuples qui se trouvent au nord de la Babylonie, Phanocrate exercera le pouvoir civil et militaire ; il prendra pour femme Roxane de Bactriane[205].

« J'ordonne à ces gouverneurs de faire préparer un sarcophage en or de deux cents talents dans lequel sera déposé le corps d'Alexandre, roi de Macédoine. Que les plus âgés des Macédoniens, ainsi que les malades, soient renvoyés en Macédoine ; de même pour les Thessaliens qui sont dans la même situation ; que chacun reçoive trois talents d'or[206]. Qu'on envoie à Argos l'armure et les armes du roi Alexandre, et cinquante talents d'or monnayé comme prémices du butin offertes à Héraclès. Qu'on envoie à Delphes les défenses d'éléphants, les peaux de serpents et treize coupes d'or, comme prémices du butin. Qu'on donne aux habitants de Milet cent cinquante talents d'or monnayé pour l'équipement de leur ville, et aux habitants de Cnide une somme d'argent. Je laisse à Perdiccas le royaume d'Egypte ainsi qu'Alexandrie, la ville que j'ai fondée et qui devra garder mon nom : qu'il administre cette cité de façon à la rendre heureuse et prospère, sous la protection du grand Sarapis, maître du Tout. Que la tâche de veiller sur elle soit confiée annuellement à un homme qui portera le titre de prêtre d'Alexandre et qui comptera parmi les plus hauts dignitaires de la cité. Il sera paré d'une couronne d'or et d'un habit de pourpre, et recevra chaque année un talent ; sa personne sera inviolable, il sera dispensé de tout service public. Celui qui recevra cette charge devra être issu de la famille la plus noble ; il en conservera les privilèges, pour lui-même et pour ses descendants.

« Le roi Alexandre désigne comme rois en Inde, pour la région de l'Hydaspe, Taxile, pour la région qui s'étend de l'Hydaspe à l'Indus, Poros, et pour le pays des Paropanisades Oxyartès le Bactrien, le père de Roxane, femme d'Alexandre. L'Arachosie, la Drangiane, la Bactriane et la Sogdiane reviendront à Philippe, la Parthie et la région qui lui est contiguë, l'Hyrcanie, à Phrataphernès, la Carmanie à Tlépolème, la Perse à Peucestas. Qu'Oxyntès change de satrapie et gouverne la Médie. Le roi Alexandre désigne Olcias comme roi d'Illyrie. Il lui donne cinq cents chevaux qu'il fera venir d'Asie et trois mille talents. Avec cette somme, qu'il fasse construire un sanctuaire et y consacre des statues d'Ammon, d'Héraclès, d'Athéna, d'Olympias, de Philippe et d'Alexandre. Que les gouverneurs du royaume déposent en offrande à Delphes des portraits et des statues en or représentant Alexandre. Que Perdiccas offre lui aussi des portraits d'Alexandre, d'Ammon, d'Héraclès, d'Olympias et de Philippe, exécutés en bronze[207].

« Que les dieux de l'Olympe veillent à tout cela, principalement Héraclès, le fondateur de la lignée du roi Alexandre. »

NOTES

1. Cette ouverture paradoxale sur un éloge de l'Egypte ainsi que le rôle, de pure fiction, prêté à Nectanébo s'expliquent par l'origine alexandrine du roman. Les sciences et les techniques mentionnées sont en accord avec la tradition grecque qui en attribue l'invention aux Egyptiens. Mais ces références évoquent surtout l'essor de la science grecque à l'époque hellénistique, dont le principal foyer fut Alexandrie. On peut hésiter sur l'interprétation de l'expression γῆς μέτρα καταλαβόμενοι (« mesurer la terre »). Chacun de ces termes présente à la fois un sens élémentaire (la terre comme élément, le bâton d'arpenteur, d'où l'idée d'une gestion des terroirs grâce à l'arpentage) et un sens plus abstrait (calcul des mesures de la planète terre). De fait, un géographe alexandrin, Erathostène de Cyrène (273-192), considérant la terre comme une sphère, avait établi par calcul la longueur du méridien terrestre. Compte tenu de l'énumération (terre, mer, Nil, ciel), nous penchons pour la première interprétation. Nectanébo fut en réalité le dernier pharaon égyptien : il régna de 360 à 343 avant J.-C., année où il fut vaincu par le roi des Perses Artaxerxès. L'Egypte redevint alors pour une dizaine d'années une satrapie du royaume perse, avant d'être conquise en 332 par Alexandre de Macédoine. La guerre entre la Perse et l'Egypte est un thème récurrent dans les romans grecs.

2. Pour Ammon et les autres dieux et héros, voir l'annexe mythologique.

3. Cette énumération de peuples qui mêle l'histoire et la mythologie rend sensible ce qui fut aux yeux des Grecs la caractéristique de l'empire perse à son apogée : une énorme masse d'hommes s'imposant par la force du nombre. Ce motif traversera tout le roman, jouant progressivement et par contraste le rôle de révélateur de héros : cette multitude se disloquera peu à peu pour faire place aux individus.

4. Une seule parole... moutons : ces assertions sont à double entente. Le mot λόγος (« parole ») dans la bouche de Nectanébo renvoie à ses formules magiques et l'expression χεὶρ ἀγαθή (« main habile ») évoque ses manipulations. Dans un contexte guerrier, et par opposition à la lourde masse des Perses, ces mêmes termes désignent

également le discours intelligent d'un bon stratège et son bras valeureux, c'est-à-dire son ardeur au combat. La déclaration suivante peut également s'entendre de deux façons : l'aoriste à valeur généralisatrice en fait une sorte de formule proverbiale, suite logique de l'affirmation qui précède. Mais on peut aussi donner à cet aoriste une valeur temporelle et voir ici une allusion imagée mais précise aux précédentes victoires de Nectanébo : à lui seul il a triomphé de plusieurs troupeaux. Les animaux évoqués opposent évidemment la vigueur de l'individu à la lâcheté de la foule.

5. Le rôle joué par Nectanébo dans le roman est sans fondement historique. Péluse est un port à l'embouchure orientale du Nil, Pella la capitale des rois de Macédoine.

6. L'Egypte fut plusieurs fois soumise à la domination perse. D'abord conquise par Cambyse (fin du VIe siècle av. J.-C.), elle fut libérée environ un siècle plus tard (fin V^e), puis reconquise en 343 par Artaxerxès III. L'occupation barbare fut durement vécue par les Egyptiens et Alexandre fut reçu en libérateur.

7. Olympias et Philippe sont des personnages historiques, respectivement la mère et le père d'Alexandre ; le roman se les approprie librement en en retenant quelques traits caractéristiques. Philippe (382-336) prit en 356 le titre de roi. Il se lança avec succès dans une politique de conquête : il soumit la Thrace, l'Illyrie, puis se tourna vers la Grèce. En 356, il s'allia au roi d'Epire et épousa sa fille Olympias, dont il eut un fils, Alexandre, la même année. En 335, il enleva Pydna et Méthone (Golfe de Salonique) aux Grecs. Il pénétra en Thessalie, mais fut arrêté par Athènes aux Thermopyles. Il reprit alors ses conquêtes en Thrace et s'empara d'Olynthe et de nombreuses villes athéniennes de Chalcidique. La victoire de Chéronée (338) lui livra la Grèce. Il constitua la Ligue de Corinthe (association de cités grecques) dont il se fit nommer général en chef. Il projetait de se lancer à la conquête de la Perse quand il fut assassiné par Pausanias, officier macédonien. Ses nombreuses expéditions militaires, ses mariages successifs et ses sautes d'humeur sont attestés par les historiens. Olympias, fille du roi d'Epire, a laissé à l'Histoire le souvenir d'une nature capricieuse et exubérante. Adepte du culte de Dionysos, elle participait à des cérémonies mystérieuses où intervenaient des serpents, au cours desquelles les fidèles entraient violemment en transes. Le roman affine l'exploration de ce caractère dont l'Histoire n'a transmis, en somme, qu'une caricature.

8. Nectanébo, bien que fuyard, garde la conscience de sa dignité royale. Malgré ses procédés peu scrupuleux, il n'est pas mal jugé dans le roman, ce qui est notable compte tenu du mépris avec lequel les Grecs considéraient magiciens et charlatans. Sa royauté transparaît malgré lui (voir plus bas le luxe de son matériel), et son opportunisme est tout à son honneur : il se plie aux exigences de la Destinée.

9. Le terme « mathématicien » est ici synonyme d'astrologue, l'astrologie pratiquée par les Egyptiens se fondant essentiellement sur le calcul. Cette science se donnait pour but de lire dans les astres la destinée d'un être et donc de connaître l'avenir. A rattacher à ces termes celui de prophète signifiant ici « qui annonce l'avenir ».

Nectanébo associe cette science divinatoire à la pratique de la magie, qui permet, elle, d'agir sur la réalité. Les techniques divinatoires évoquées un peu plus loin étaient familières aux hommes de l'Antiquité... et ont cours encore aujourd'hui.

10. L'adjectif ἐπίγειος, « sur terre », offre une double connotation. L'idée d'un dieu incarné rappelle les multiples métamorphoses de Zeus, père de nombreux héros dont Héraclès et Dionysos. La référence chtonienne évoque, d'autre part, le serpent, avec une valeur à la fois réaliste (utilisation d'un vrai serpent par Nectanébo) et symbolique, la thématique sexuelle associant ici plaisir et fécondité.

11. Le thyrse est une hampe ornée de lierre, au sommet garni d'une pomme de pin, attribut distinctif de Dionysos et des adeptes de son culte. Le sceptre de Nectanébo en fera office.

12. L'Antiquité considérait la terre comme une sphère, d'où cette image et, plus loin, celle de la balle (cf. n. 1). « Faire le tour du monde » est l'exploit qui vaudra à Alexandre le titre de « maître du monde »; ce thème traverse le roman dont il est un des fils conducteurs, souvent associé à celui de la mort prématurée du héros.

13. Pour toutes les allusions mythologiques qui suivent, voir l'annexe mythologique.

14. Ce portrait — non conforme à la tradition qui disait Alexandre fort beau — souligne bien son appartenance à la catégorie des êtres surnaturels.

15. Cette anecdote est inspirée par l'histoire du mathématicien Thalès (Platon, *Théét.*, 174). Assortie de la réponse d'Alexandre à Aristote, quelques lignes plus loin, elle décrit une sagesse réaliste, celle du « hic et nunc ». Morale de jeunesse pour Alexandre, qui ne manquera pas, dans le roman, d'évoluer vers une plus riche humanité.

16. Bucéphale signifie littéralement « tête de bœuf ». Le roman présente comme un monstre ce cheval que la tradition décrit seulement comme un animal particulièrement fougueux qu'Alexandre réussit à maîtriser. On pense aux juments mangeuses d'homme du roi de Thrace Diomède, qui furent capturées par Héraclès.

17. Aristote de Milet (384-322), déjà cité plus haut, joua un rôle déterminant dans la carrière d'Alexandre. Disciple d'Isocrate et de Platon à Athènes, il fut appelé par Philippe à la cour de Macédoine où il consacra sept ans à la formation du jeune Alexandre (342-335). Il transmit à son élève une curiosité de principe qui le fit s'intéresser autant à la métaphysique ou à la politique qu'à la zoologie ou la botanique. Alexandre, lors de son expédition en Asie, lui fit parvenir des spécimens de plantes nouvelles et d'animaux inconnus. La tradition fait également état d'une correspondance entre le maître et son disciple.

18. Ptolémée, ami d'enfance d'Alexandre, fut l'un de ses plus prestigieux lieutenants. Il lui succéda en Egypte où il fonda la dynastie des Lagides. Il fut surnommé Sôter (« Sauveur ») par les Rhodiens auxquels il porta secours alors qu'ils étaient assiégés (305). Il régna de 323 à 285, faisant d'Alexandrie une illustre et florissante capitale où il attira artistes et savants, en y fondant la Bibliothèque et le Musée.

19. Pise est un port du Péloponèse qui dessert Olympie. Les jeux Olympiques étaient des jeux panhelléniques organisés en l'honneur de Zeus. Héraclès passait pour avoir été l'un de leurs fondateurs. Une légende relative à l'intégration de la course de chars dans les Jeux a sans doute inspiré l'épisode rapporté par le roman, sans fondement historique : lorsque Pélops parvint à Olympie, le roi offrait son trône et sa fille à qui le vaincrait à la course de char. Pélops paya le cocher du roi qui sabota le char de son maître : celui-ci fut tué dans la course. On disputait lors de ces jeux plusieurs épreuves sportives : course à pied, pentathlon, lutte, pancrace, pugilat, course de chevaux et de chars. Lutte, pancrace et pugilat sont trois formes de lutte corps à corps, la lutte sollicitant la légèreté et l'habileté, le pancrace étant plutôt une épreuve de force, et le pugilat une sorte de boxe.

20. Le stratège est, en Grèce, le général en chef d'une armée. Les fonctions politiques qu'il exerce en temps de paix font de lui un des principaux magistrats de la cité grecque classique. Un satrape est, dans l'organisation du royaume perse, un gouverneur de province, nommé par le roi, disposant d'une force armée, chargé de faire régner l'ordre et de lever les impôts.

21. Cette prédiction s'appuie sur l'interprétation du nom Nicolaos : « vaincre le peuple ».

22. La tradition connaît à Philippe plusieurs épouses, dont Cléopâtre, nièce du chancelier Attale, qui évinça Olympias en 337. Alexandre prit dans l'affaire le parti de sa mère qu'il accompagna en Epire. La famille fut réconciliée par un certain Démarate de Corinthe; le romancier réserve ce beau rôle à son héros.

23. Ici commence dans le roman la carrière d'Alexandre. Le thème de la soumission des cités grecques est historique, mais traité avec une grande liberté, le roman confondant par exemple les conquêtes de Philippe et celles d'Alexandre (voir n. 5). Sont mises en valeur les qualités diplomatiques du héros, nettement idéalisé.

24. Le talent est une unité de compte attique, valant soixante mines, soit six mille drachmes. La drachme est une unité monétaire de 4,3 g environ.

25. Cette anecdote est d'inspiration historique, mais, une fois de plus, traitée de façon originale. Voisins des rois de Perse, les Macédoniens subirent régulièrement leur domination à partir de la fin du VIe siècle, se libérant de leur tutelle lorsqu'ils le pouvaient : la Macédoine était libre sous Philippe, et en pleine expansion. L'histoire du tribut est donc une invention qui légitime l'entreprise d'Alexandre. En fait, c'étaient les cités grecques d'Asie qui payaient un tribut à la Perse, Macédoine et Grèce étant généralement confondues dans le roman. L'ambassade perse fut, d'après Plutarque, courtoisement reçue, Alexandre brilla par son intelligence et sa curiosité.

26. Pausanias, compagnon de Philippe, l'assassina au cours d'un festin, pour des motifs non éclaircis, mais certainement d'ordre politique ou diplomatique (336). Le roman propose une explication beaucoup plus « romanesque ».

27. La mythologie a attribué tardivement aux cyclopes un caractère lubrique.

28. Un thrène est un chant funèbre rituel. Les tombes royales — dont celle de Philippe — mises à jour à Vergina (ancienne Aigai, capitale des premiers rois de Macédoine) se présentent comme de grandes chambres voûtées dont la façade, stuquée et peinte, évoque un temple ionien. On y a retrouvé des coffrets et des vases cinéraires, de superbes parures d'or, des armes, et plusieurs figurines d'ivoire représentant Olympias, Alexandre et Philippe.

29. Les Amphictyons étaient, en Grèce, les représentants d'une confédération, religieuse ou politique, regroupant plusieurs cités. Après sa victoire sur les cités grecques à Chéronée (338), Philippe convoqua un congrès panhellénique à Corinthe et s'y fit nommer général des forces grecques. Il projetait une expédition contre les Perses. A la mort de Philippe, Alexandre reprit ce projet à son compte, et fit renouveler à son profit le pacte de Corinthe. Le roman idéalise l'histoire : les cités grecques ne se soumirent qu'après une violente campagne (siège de Thèbes), et Alexandre dut affronter la révolte de plusieurs peuples des Balkans.

30. La marine de guerre était un élément important de l'armée d'Alexandre. La trière est un bateau de guerre grec, « à trois rangs de rameurs »; les bateaux liburnes, parfois équipés d'un éperon, étaient réputés pour leur légèreté.

31. Cette expédition en Lycaonie (Asie Mineure) est peut-être un vague souvenir des premières conquêtes d'Alexandre, auxquelles le roman ne fait pas d'autre allusion : après la bataille du Granique (334), Alexandre soumit les cités grecques d'Asie Mineure. Le passage en Sicile puis en Italie, évoqué une seconde fois dans le roman (p. 80) est, en revanche, une invention inspirée des projets d'Alexandre lors de son retour à Babylone.

32. La livre est un poids romain équivalent à 327,5 g.

33. Allusion anachronique aux célèbres « Guerres Puniques » que se livrèrent Rome et Carthage (264-146 av. J.-C.), et qui consacrèrent la suprématie de Rome sur le bassin méditerranéen. Les « stratèges » de Rome désignent les consuls, les « stratèges » africains les suffètes carthaginois.

34. L'histoire fut différente : Alexandre se rendit en Egypte par l'ouest et n'y parvint que fin 332, trois ans pleins après son départ de Pella, après avoir soumis l'Asie Mineure et les villes côtières de Troie jusqu'à Gaza. Laissant ses troupes faire halte sur le site d'Alexandrie, fondée le 20 janvier 331, il galopa avec quelques compagnons jusqu'à l'oasis de Siwah où les prêtres le déclarèrent fils du dieu Ammon, puis rejoignit son armée en passant par Memphis. Il quitta l'Egypte fin mars pour se lancer à la poursuite de Darius. Le roman s'inspire sans doute d'une tradition alexandrine, qui lie la fondation d'Alexandrie à la prophétie d'Ammon.

35. Le « désir d'immortalité » qui habite Alexandre — et qui nourrit son personnage romanesque — trouve ici sa première expression. La réponse à ce désir est familière à la pensée antique : immortel, celui dont l'Histoire gardera la mémoire, dont la terre conservera les « monuments ». Parallèlement à cette conception réaliste de l'éternité, apparaît une préoccupation spirituelle : Aiôn le

Plutonien, dieu des morts et de l'au-delà, assimilé à l'Osiris égyptien, et donc à Sarapis qui en avait pris les attributs, assurera la survie d'Alexandre après sa mort : allusion à l'apothéose du héros et au transfert de sa dépouille dans la ville même d'Alexandrie. L'île de Protée (voir n. 43) est l'île de Pharos, en face d'Alexandrie. Les cinq collines — dont le nombre est probablement symbolique (voir ensuite la division de la ville en cinq quartiers) — occupent le site de la future ville à laquelle elles assureront pour l'éternité une position dominante.

36. Le toponyme Paratonion est interprété comme un composé sur παρά, « à côté du but », et τείνω, « tendre son arc ». Taphosiris est analysé comme le composé de τάφος, « tombeau », et Osiris. Le véritable toponyme est, en fait, Taposiris.

37. On trouve dans les romans hellénistiques quelques évocations du site d'Alexandrie : zone marécageuse, îlots, chemins étroits, petits canaux, cabanes de pasteurs, repaires de brigands. Voir, par exemple, le début du roman d'Héliodore, les *Ethiopiques* (Pléiade, p. 521 sq.) ou le roman d'Achille Tatius *Leucippé et Clitophon* (*ibid.*, p. 945 sq. pour la zone du delta telle qu'elle devait se présenter avant la fondation de la ville, p. 952 sq. pour la ville elle-même).

38. Les termes de ποταμός (« bras de fleuve ») et de διῶρυξ (« tranchée ») alternent au long de cette énumération avec la signification de « canal », certains bras du Nil ayant été canalisés et d'autres canaux créés artificiellement.

39. Hormoupolis est analysé comme un composé de ὁρμέω, « être à l'ancre » et de πόλις, « la ville ».

40. Selon Aristote (*Politique*) la cité est par excellence le lieu d'épanouissement de l'homme. La question essentielle est donc de savoir comment la concevoir et la gérer pour qu'elle réponde au mieux à sa vocation. Aristote propose plusieurs idées : ne pas être trop près de la mer et de ses tentations commerciales, ne pas être trop grande, disposer d'une terre fertile, etc. Autant de critères auxquels ne répond pas précisément Alexandrie.

41. L'inventeur se nomme Hyponomos du nom de la canalisation ὑπόνομος...

42. Un stade est une unité de longueur grecque valant 177,6 m, soit six cents pieds. Le pied vaut environ 30 cm.

43. La période hellénistique est marquée par un essor des cultes héroïques. Aux anciens héros mythiques s'ajoutent les morts héroïsés auxquels les vivants rendent un culte et des honneurs divins. On voit alors apparaître un nouveau type de sanctuaire, l'hérôon, qui tient à la fois du tombeau et du temple, parfois entouré d'un enclos sacré. Protée, divinité marine, « vieillard de la mer », était installé à Pharos où il gardait les troupeaux de phoques de Poséidon.

44. L'anecdote est rapportée par toutes les traditions, avec de légères variantes.

45. Le mot ἀρχή signifie « point de départ, commencement ».

46. Il est paradoxal qu'Alexandre fasse tuer un serpent qui est considéré ensuite, de manière apotropaïque, comme un bon génie. Rappel du meurtre de Nectanébo, référence plus universelle au

thème du héros sauroctone. Avec la même ambiguïté, Apollon mit à mort le serpent Python, gardien de l'oracle de la Terre, et s'établit à sa place dans le sanctuaire de Delphes. Les génies, principes de vie attachés individuellement à chaque homme, sont honorés comme de petites divinités domestiques, souvent représentées par un serpent. On leur offre du vin, des fleurs, des gâteaux, de l'encens. Ces divinités protègent parfois une collectivité : les corporations, les quartiers, ont leur génie protecteur. Un bon génie, l'Agatho-Daimon, était honoré à Alexandrie.

47. Ce sont les cinq premières lettres de l'alphabet grec.

48. L'interprétation de ce passage n'est pas simple, le texte étant ici assez corrompu. L'allusion aux bêtes de somme et aux mules à cet endroit provient vraisemblablement d'une erreur de copie. L'hérôon dont il s'agit ici ne peut, à notre sens, être celui de Protée, l'épisode de sa restauration étant clos préalablement au démarrage des travaux (p. 62). Nous ne pensons pas non plus qu'il s'agisse du sanctuaire consacré au bon génie qui vient d'être mentionné (τέμενος, « enclos ») : un génie n'est pas un héros (cf. n. 43 et 46), et le sanctuaire est également nommé Stoa, c'est-à-dire « portique à colonnade » : chose vraisemblable pour un enclos, mais trop vague pour un hérôon. Nous proposons donc de voir là un nouvel édifice. Le texte nous dit que sa construction fut entreprise le jour même où fut fondée la ville. Nous y verrions donc volontiers, quoique sans preuve, un sanctuaire consacré au héros fondateur, en l'occurrence Alexandre, d'où notre traduction de l'article par un possessif. La tradition mentionnée quelques lignes plus loin selon laquelle le héros est considéré comme « né d'un serpent » va dans ce sens et rappelle les métamorphoses d'Ammon évoquées au début du roman. On peut également penser que cet hérôon est anachroniquement confondu par l'auteur avec le tombeau d'Alexandre, où fut effectivement rendu un culte au héros fondateur.

49. Cette date du calendrier égyptien correspond au 20 janvier (331).

50. Le texte de cet épisode (consultation du dieu Sarapis) n'est pas toujours clair : corrompu, d'une part, dans l'original, et confus, d'autre part, dans son expression, en raison de la quasi-synonymie de plusieurs termes employés : ἡρῷον — l'hérôon —, ἱερόν — le sanctuaire —, ναός — le temple, le sanctuaire, la chapelle. Pour la commodité de la lecture, nous proposons de distinguer par une majuscule (Hérôon) le sanctuaire dédié à Protée, dont il a déjà été question (p. 62) et qu'il n'est pas absurde de retrouver ici, désigné par le même terme (τὸ ἡρῷον). Hélion est un nom propre inconnu par ailleurs. D'autres lectures proposent Hélios, le Soleil. Les colonnes dont il s'agit sont probablement des obélisques. Les chapelles, particulièrement en Egypte, sont de petits édifices en forme de niches abritant la statue d'un dieu, comparables à nos oratoires de campagne. Le raisonnement peut être le suivant : Alexandre ignore encore qui est le grand dieu Sarapis que l'auteur, lui, connaît, et donc nomme. Il est à la recherche d'un protecteur pour sa ville, l'oracle d'Ammon lui a nommé seulement Aiôn le Plutonien. Il est donc

logique de supposer que le sanctuaire (ἱερόν) face auquel il dresse un autel pour sacrifier au dieu est consacré à Pluton. Peut-être même s'agit-il de la chapelle (ναός) dont il vient d'être question. Pluton, dieu des morts et de l'éternité dans l'au-delà, est en effet l'équivalent grec de l'Osiris égyptien dont Sarapis, dieu de création récente, a repris les caractérisques. L'aigle, oiseau associé à Zeus, désigne à Alexandre une autre chapelle (ναός) qui passe pour être un sanctuaire (ἱερόν) de Zeus et d'Héra. Le dieu Sarapis s'y révèle à Alexandre. Ce dieu est donc confondu, dans ce passage, avec le dieu des morts Osiris, ou Pluton, d'une part, avec Zeus, d'autre part, donc Ammon-Râ, le dieu solaire qui voit tout. Ces associations étant fusionnelles, chacun des avatars du dieu adopte les attributs des autres. D'où l'évocation d'un animal monstrueux auprès de Zeus : peut-être représentation de Cerbère, monstre infernal ordinairement associé à Pluton, ou image d'Anubis, homme à tête de chien, dieu des morts chez les Egyptiens. On mesure ici la complexité du syncrétisme alexandrin.

51. Sésonchosis est une déformation de Sésostris, transcription grecque d'un nom porté par plusieurs pharaons (XIIe dynastie) et signifiant « homme de la puissance ». L'un de ces rois fut un grand conquérant et fut confondu par les Grecs avec Ramsès II, considéré comme le plus grand conquérant de tous les temps. D'après les récits rapportés par Hérodote, ses expéditions l'auraient conduit jusqu'au Danube et aux rivages de la mer des Indes. Il dressa partout des stèles qui portaient son nom. Il orna le temple d'Ammon, à Thèbes, de deux obélisques (dont un se trouve place de la Concorde à Paris...) sur lesquels fut gravé le récit de ses hauts faits. Il y est nommé « fils des dieux et des déesses, seigneur du monde, gardien de la vérité ». Ses exploits furent chantés sur un ton épique par le poète Pentaour, dans un récit où l'on voit Ammon intervenir à un moment crucial pour le protéger. En entraînant Alexandre sur les traces de ce précurseur, le romancier égyptien se l'approprie et fait de lui un héros national.

52. Cette énigme se fonde sur la valeur numérique des lettres grecques : 200 = S ; 1 = A ; 100 = R ; 1 = A ; 80 = P ; 10 = I ; puis S. On obtient ainsi le nom de Sarapis.

53. Ce portrait de Zeus, emprunté à l'*Iliade* (I, 528-530), évoque la statue de Sarapis telle qu'elle fut exécutée pour la première fois par le sculpteur athénien Bryaxis pour le Serapeum d'Alexandrie (cf. annexe mythologique).

54. La province d'Alexandrie ne fait pas partie de l'Egypte qui s'entend ici au sens de « vallée du Nil ».

55. Memphis était la capitale de l'Egypte sous l'Ancien Empire (IIIe millénaire). Son fondateur, le premier pharaon Ménès, aménagea le cours du Nil et fit équiper le site d'une importante digue (5 km sur 6 m de haut) et de canaux de dérivation. En temps de crue, la ville, protégée par la digue, étaient entourée d'eau. On y honorait le dieu dynastique Ptah, créateur du monde, dieu sculpteur qui fut associé par les Grecs à Héphaïstos, ainsi que le dieu taureau Apis qui fut assimilé au nouveau dieu Sarapis à l'époque hellénistique. Lorsqu'il entra à Memphis (332), lors de son arrivée en Egypte et

avant la fondation d'Alexandrie, Alexandre y fut accueilli en libérateur. Il y repassa en 331, avec quelques compagnons, après son expédition à Siwah (oracle d'Ammon). Ces deux épisodes n'en font qu'un dans le roman.

56. L'Europe et la Libye ont été conquises par Alexandre dans le roman, elles ne le furent pas en réalité. Lors du passage d'Alexandre à Tyr, l'Asie, au contraire, pouvait être historiquement considérée comme maîtrisée, dans la mesure où il avait déjà affronté victorieusement le roi Darius à Issos. Mais le roman n'en a pas encore fait état.

57. Plusieurs jeux de mots se superposent ici. Tyr se dit en grec Τύρος et le mot satyre (σάτυρος) est interprété comme σὰ Τύρος « Tyr (sera) tienne ». Un satyre est un petit dieu rustique représenté avec un visage humain pourvu de longues oreilles et de petites cornes, et un corps de chevreau. La mythologie hellénistique en fit un compagnon de Dionysos. Le fromage se dit en grec τυρός. Seule l'accentuation distingue dans le texte ce nom et celui de la ville, l'article qui aurait souligné la différence de genre n'étant pas employé. Cette soumission des Tyriens est entièrement justifiée dans le roman par leur comportement coupable face aux ambassadeurs dont le statut était sacré. Les historiens font état au contraire de violences gratuites commises par Alexandre.

58. Interprétation anachronique du toponyme Tripoli, « trois villes ». Tripoli avait été fondée par trois cités phéniciennes.

59. La Phénicie était une province de l'empire perse, gouvernée par un satrape. On voit paraître ici la politique d'assimilation pratiquée par Alexandre.

60. Cette première « apparition » de Darius en souligne l'orgueil excessif, qui sera justement puni conformément à la morale grecque, lors de sa véritable entrée en scène (*infra*, p. 75). Ces titres solennels étaient en fait l'apanage de tous les rois perses. Depuis Cyrus (558-528) et Darius I (521-486), tous deux grands conquérants, ils régnaient sur un immense empire constitué d'anciens royaumes, d'où le titre qu'ils portaient : Roi des rois, ou Grand Roi. A l'époque d'Alexandre, malgré quelques revers en Grèce (Guerres Médiques, début du Ve siècle) ils gouvernaient encore un Etat qui s'étendait de l'Egée à l'Indus et de l'Asie Centrale au golfe Persique et à la mer Rouge (actuelle mer d'Oman). Jouissant de la protection spécifique du grand dieu solaire iranien Ahura-Mazda (confondu ici avec Mithra), ils en étaient les lieutenants sur terre : tous leurs sujets étaient donc tenus de se prosterner devant eux comme devant les dieux.

61. A partir du IVe siècle, l'empire perse est décrit par les auteurs grecs comme un Etat en pleine décadence, corrompu par le luxe et les plaisirs. Depuis les victoires grecques des Guerres Médiques (480), le thème de la supériorité morale, politique et militaire des Grecs sur les Barbares fonde l'historiographie grecque. Le roman confond Macédoniens et Grecs, assimilation qui, historiquement, ne se fit pas sans peine.

62. Le Taurus est une chaîne de montagnes qui traverse l'Asie Mineure d'est en ouest (voir carte). L'expression « au-delà du Tau-

rus » dénote un point de vue grec continental, les Grecs désignant ainsi les régions situées au sud de cette barrière, tandis que les régions situées au nord étaient dites « en deçà du Taurus ». On trouve ici la trace de l'intégration dans le roman d'un document historique non « corrigé » : allusion aux premières campagnes d'Alexandre en Asie (progression nord-sud), alors que dans le roman Alexandre remonte du sud vers le nord pour affronter Darius.

63. Le Pinaros est un petit fleuve de Cilicie qui se jette dans la mer au niveau du site d'Issos. La bataille d'Issos fut la première bataille rangée où s'affrontèrent personnellement Alexandre et Darius (333). Le texte conserve la trace du déroulement historique des événements en mentionnant la soumission des cités grecques (d'Europe et d'Asie) qui fut préalable à la conquête de l'Asie mais qui n'a pas encore eu lieu dans le roman.

64. Le mot « phalange » — au sens large « ligne de front » — fait référence à une unité tactique caractéristique de l'armée macédonienne. La phalange était constituée par un corps de fantassins d'élite très légèrement équipés, donc particulièrement mobiles. Les hommes étaient armés d'une longue lance de bois, la sarisse, qui servait à la fois à l'attaque et à la défense. Disposés sur plusieurs rangs, les bataillons misaient essentiellement sur leur souplesse et leur densité.

65. Ce récit de ton homérique s'inspire de plusieurs batailles historiques auxquels il emprunte des éléments distinctifs, essentiellement : combat de chars (Issos), charges de cavalerie (Granique), supériorité tactique d'Alexandre (Issos) qui se jette dans la mêlée (Granique), combats corps à corps (Granique), fuite de Darius (Issos) et pillage de son camp par les Grecs, capture, enfin, de la femme et de la fille de Darius qui furent traitées avec respect (Issos).

66. Ici commence une sorte de voyage mythique où sont regroupés tous les épisodes, relevant de l'histoire ou de la légende, qui n'ont pas trait directement à la campagne contre Darius, dans l'attente d'un nouvel affrontement entre les deux armées (*infra*, p. 100). On remarquera que cette composition obéit à une certaine cohérence géographique. Pour résumer, on retiendra qu'Alexandre envisagea une expédition nordique vers la Scythie, le lac Méotide et le Pont-Euxin lors de son retour à Suse (324), sans toutefois réaliser ce projet. Le passage en Phrygie, lui, est historique, il eut lieu dès 334 et fut la première étape de la campagne d'Alexandre en Asie, après une victoire éclair sur les cités grecques (Thèbes, Athènes). Tous les événements historiques relatés ici ont eu lieu en réalité préalablement à tous ceux que le roman a déjà évoqués. On mesure la complexité du travail de recomposition romanesque, bien sensible dans ce « pot-pourri », rendu nécessaire par le point de vue hagiographique adopté par l'auteur : faire prioritairement d'Alexandre un héros égyptien.

67. Alexandre accomplit ce geste symbolique — prise de possession des territoires du Grand Roi — lors de son entrée en Asie, signifiant ainsi son appartenance à la lignée des grands héros de la guerre de Troie.

68. La Bébrycie désigne la région d'Asie Mineure proche du Bosphore qui fut colonisée par les Thraces, ou Bébryces. La Piérie est

une contrée macédonienne passant pour le séjour des Muses. Pour Orphée, voir l'annexe mythologique.

69. Tout cet épisode renvoie directement à l'*Iliade*. L'exposé généalogique est conforme à la tradition : Alexandre serait descendu d'Héraclès par son père, et d'Eaque par sa mère, d'où sa parenté directe avec Achille. Ajax était un guerrier valeureux dont le bouclier est longuement décrit dans l'*Iliade* (VII, 219 sq.). Thersite, au contraire, est un personnage vil et antipathique (II, 212 sq.).

70. Abdère était une ville de Thrace, la Bottie une région de Macédoine, et Olynthe une ville grecque de Chalcidique. Allusion probable aux nombreuses campagnes balkaniques de Philippe et d'Alexandre, dont celle de 336, juste avant l'expédition d'Alexandre en Grèce.

71. Locres était une ville d'Italie du Sud ; Agrigente, en Sicile, un centre religieux important où était particulièrement honoré Apollon. Ce récit s'inspire des projets d'Alexandre lors de son retour à Babylone. Pour l'anecdote, voir l'annexe mythologique s.v. Héraclès.

72. Le siège de Thèbes eut lieu au début du règne d'Alexandre (335). Sa victoire sanglante et mémorable étouffa les velléités de révolte des autres cités grecques qui lui firent allégeance. Le pacte de 338 signé entre Philippe et la Ligue de Corinthe fut renouvelé, et Alexandre nommé général en chef des contingents grecs engagés pour la campagne d'Asie. Ce fut donc, en réalité, le point de départ, autoritaire et violent, de la grande expédition. La visée hagiographique du roman apparaît bien ici : la prétendue lâcheté des Thébains est démentie par toutes les sources historiques.

73. Amphion et Zéthos, fils jumeaux de Zeus et d'Antiope, elle-même fille du roi de Thèbes Nyctée, eurent le destin légendaire des couples de jumeaux fondateurs : enlevés et exposés dans la montagne par leur grand-oncle Lycos, ils furent recueillis par des bergers. Zéthos gardait les troupeaux, Amphion jouait de la lyre et chantait. A leur maturité, ils reconquirent le pouvoir : ils tuèrent Lycos et son épouse Dircé en l'attachant vivante aux cornes d'un taureau qui la déchira. Ils équipèrent la ville de remparts dont les pierres se plaçaient toutes seules, attirées magiquement par la musique d'Amphion.

74. Cadmée est le nom de la citadelle de Thèbes, du nom de son fondateur Cadmos. Le Cithéron est une montagne de Béotie proche de Thèbes, censée abriter les Erinyes, divinités vengeresses et maléfiques, qui se réjouissent des malheurs des hommes.

75. Thèbes fut fondée par Cadmos qui, selon un oracle qui lui avait été rendu, choisit comme site l'emplacement où s'était arrêtée une génisse qu'il poursuivait.

76. On appelle thiase un groupe de personnes réunies pour célébrer, en l'honneur d'un dieu, une fête animée et bruyante, accompagnée de danses et de farandoles dans les rues. C'est le cortège des Bacchantes qui est ici évoqué.

77. A partir d'ici, le texte adopte une forme versifiée qui englobera la réponse d'Alexandre à Isménias et un court passage narratif. Le texte en prose reprend p. 87 : « Tel fut l'étrange destin de la cité de

Thèbes. » Nous n'avons rendu en « vers » que la partie stylistiquement originale du chant d'Isménias : le poème mythologique. Les références mythologiques citées par le texte sont conformes à la tradition. Ces fables étaient bien connues du public, servant notamment de sujet à des tableaux décoratifs dont la mode s'était répandue à l'époque hellénistique. Pour l'essentiel, voir l'annexe s.v. Héraclès, Dionysos et Œdipe. Le corpus tragique relate nombre de ces légendes.

78. Le poète Pindare, originaire de Thèbes, vécut au ve siècle avant J.-C. Sa vie fut particulièrement longue (il mourut à l'âge de quatre-vingts ans), ce qui explique peut-être l'anachronisme. Il composa de nombreux hymnes (chantés et accompagnés à la lyre, d'où le qualificatif de « lyrique », en l'honneur des dieux et des athlètes victorieux lors des grands jeux sportifs.

79. Alcide est le premier nom d'Héraclès. Polydeukès est le nom grec du héros Pollux, frère de Castor, fils de Zeus et de Léda.

80. Les jeux Isthmiques avaient lieu tous les deux ans à Corinthe où ils avaient été institués, selon la légende, en l'honneur de Mélicerte que sa mère Ino avait entraîné dans les flots (cf. p. 84). Ils sont donc étroitement liés au destin de Thèbes. Pour les épreuves sportives évoquées, voir n. 19.

81. Ici commence le Livre II (voir l'Introduction). Platée est une ville de Béotie connue pour s'être très tôt alliée à Athènes. Elle est ici confondue avec Eleusis, ville d'Attique où étaient célébrés les fameux Mystères en l'honneur de Déméter et de sa fille Coré.

82. La pourpre est une couleur glorieuse, insigne du pouvoir. Tout ce passage repose sur un jeu d'images qui est un des thèmes récurrents du texte : monter-descendre. Le verbe qui signifie techniquement « abaisser, faire descendre », signifie aussi « condamner, abattre, faire disparaître ». Cette image est une des multiples figures du Destin, analogue à celle de la balance. Les métiers à tisser étaient constitués de deux pieux verticaux sur lesquels était fixée une barre horizontale. A cette barre étaient attachés les fils de trame. Quand le travail était terminé, on décrochait la barre pour en détacher le tissu.

83. Le nom Stasagoras peut être interprété comme un composé sur στάσις, « la rébellion ».

84. L'hostilité d'Athènes pour la Macédoine remonte à l'époque de Philippe. Les deux puissances s'affrontèrent directement en 338 : Philippe remporta la victoire de Chéronée contre les Grecs coalisés sous l'égide d'Athènes. Athènes fut longtemps agitée d'interminables débats relancés par les grands orateurs, hésitant entre la résistance et la soumission opportuniste.

85. Après la destruction de Thèbes, Alexandre réclama l'extradition des orateurs les plus hostiles à ses projets, dont Démosthène, et négocia un traité de paix avec Athènes.

86. Jeu de mots caractéristique de la verve attique ; εἰ γοῦν φρονεῖς τι : « si tu as un projet quelconque », ou bien, ironiquement, « si tu as quelque chose dans la cervelle... »

87. Les discours qui suivent sont inspirés précisément des orateurs attiques. Eschine (390-314) et Démosthène (384-322) s'opposèrent

l'un à l'autre durant toute leur carrière au sujet de la Macédoine. Eschine était partisan d'une alliance avec une Macédoine déjà bien hellénisée. Démosthène, au contraire, était un adversaire acharné de l'impérialisme macédonien, incarné par Philippe, puis par Alexandre, qu'il considérait avec mépris comme un « petit jeune homme ». Démade (384-320), comme Eschine, prêchait la modération et soutenait l'idée d'une alliance avec la Macédoine. Le roman intervertit son nom et celui de Démosthène. On peut supposer que ces trois discours, très typiques mais mal référés à leurs auteurs historiques, faisaient partie d'une anthologie d'école. On y retrouve les thèmes et les procédés éternels de la rhétorique attique : gloire de la Grèce au temps des Guerres Médiques, suprématie rayonnante d'Athènes, interpellation ironique de l'adversaire, retournement méthodique de ses arguments...

88. L'orateur Lysias (440-380), le philosophe Platon (428-348) et le stratège Périclès (495-429), cités ici de façon anachronique, représentent l'âge d'or de la démocratie athénienne.

89. Double sens du terme « premier », employé d'abord avec une valeur chronologique, puis repris avec le sens de « princeps », « qui occupe la première place ».

90. Après la destruction de Thèbes, Athènes se soumit et vota des félicitations à Alexandre pour ses victoires. Le traité de Corinthe fut renouvelé, Alexandre nommé général en chef de la Ligue qui lui fournit des contingents pour la campagne d'Asie.

91. La référence à Eukleidès est obscure. Il s'agit probablement d'un archonte athénien. Démosthène tenta de négocier une alliance entre la Perse et Athènes contre la Macédoine. Il fut banni beaucoup plus tard pour une affaire de dettes. Alcibiade (450-404) menant une politique trouble entre Athènes, Sparte et la Perse, fut contraint à de nombreux renversements d'alliance. Les Athéniens lui retirèrent le commandement suprême qu'ils lui avaient confié. Socrate (470-399), philosophe et sage, fut condamné à mort par les Athéniens.

92. Les Lacédémoniens ne faisaient pas partie de la Ligue de Corinthe. La lutte contre Sparte fut en fait menée par Antipater, régent de Macédoine pendant la campagne d'Asie.

93. Vu la situation de l'épisode dans le roman, on peut supposer qu'il s'agit pour Darius de renoncer à une stratégie classique impliquant la Grèce continentale. Les rois perses ont toujours tenté, souvent avec succès, de se monnayer des alliances parmi les cités grecques. La suite du texte fait allusion aux premières campagnes d'Alexandre en Asie (334-333), au cours desquelles il conquit toutes les cités grecques de la côte, Darius ne jugeant pas nécessaire d'intervenir lui-même : les troupes perses avaient été confiées à plusieurs généraux, dont Memnon de Rhodes. On peut donc également penser que Darius renonce à cette conquête, bien que le roman n'ait pas évoqué précédemment cette situation : problème des sources et de la composition du texte.

94. Les chiens de Laconie (région de Sparte) étaient spécialement dressés pour la chasse. Mais c'est le loup qui, dans cette image traditionnelle, attaque les troupeaux de moutons (cf. p. 38).

95. Episode bien connu du bain dans le fleuve Cydnos, en Cilicie, au début de la campagne d'Asie (333), avant Issos.

96. Parménion était un vieux général macédonien qui avait servi dans l'armée de Philippe, et qu'Alexandre avait enrôlé comme stratège et principal conseiller. Il fut exécuté sur ordre d'Alexandre après la mise au jour d'un complot fomenté par son fils Philotas (330).

97. Ici se rejoignent le roman et la tradition historique. Après Issos, Darius se replia à Babylone où il rassembla une immense armée. Alexandre, lui, poursuivit sa marche vers le sud, se rendit maître de la Phénicie (siège de Tyr) et de l'Egypte, puis se dirigea vers la Mésopotamie pour affronter Darius. Le roman réunit en un seul épisode les traversées de l'Euphrate et du Tigre.

98. Le « mystère » de la crue du Nil a passionné les Grecs de l'Antiquité. On l'expliquait généralement à l'époque hellénistique par les pluies d'été qui s'abattaient sur l'Ethiopie. Aristote aurait demandé à Alexandre d'en faire la vérification.

99. Il s'agit de la bataille de Gaugamèles également nommée bataille d'Arbèles (331).

100. Alexandre, se considérant comme l'égal du Grand Roi, n'a aucun besoin de se le concilier en se montrant généreux avec lui. Mais, inversement, il ne tient pas non plus à se montrer humiliant, au point d'obliger Darius à venir le remercier : les deux rois sont égaux, ce que souligne l'introduction de cette lettre qui fait ressortir la noble assurance d'Alexandre.

101. Les cnémides sont des jambières de protection en cuir, doublées de métal pour le combat.

102. Ἔρρωσθε, « portez-vous bien », est la formule traditionnelle d'adieu dans une lettre. C'est un souhait de bonne santé analogue à notre « Salut ! ». Il n'est pas exclu que cette formule, dont c'est le premier emploi dans le texte, soit ici à prendre au sens fort de « faites des efforts, faites tout votre possible ».

103. La trahison des satrapes tentés par l'autonomie et la tyrannie était une des grandes faiblesses de l'empire perse.

104. Poros, roi des Indes, régnait aux confins du royaume perse.

105. Après Gaugamèles, Alexandre s'empara en quelques mois des résidences du Grand Roi : Babylone, Suse, Persépolis, Pasargadès (331-330). Le roman abandonne désormais ses références à l'histoire dont il ne retient que quelques anecdotes et les épisodes devenus mythiques : la prestigieuse capitale Persépolis est occupée, Alexandre honore le tombeau de Cyrus à Pasargadès, Darius est trahi par les siens vers les Portes Caspiennes, Alexandre se pose comme son successeur. Tout le reste est fictif, en particulier les rencontres entre Alexandre et Darius.

106. Le mille est une unité de mesure romaine valant environ 1,5 km.

107. Ce cours d'eau — non identifié — joue dans le texte un rôle merveilleux. L'épisode s'inspire peut-être de la déroute des Perses, qui, après Gaugamèles, se noyèrent dans la rivière Lycos. Quoi qu'il en soit, le réalisme n'est pas de mise, même s'il est possible de donner une cohérence chronologique à tout ce passage en se référant à l'état

du fleuve, gelé la nuit et torrentueux le jour. L'instant de la débâcle n'en reste pas moins toujours favorable à Alexandre.

108. La description qui suit évoque la bataille d'Arbèles (331), avant la prise des grandes capitales. La cohérence romanesque l'emporte sur la précision historique : cette bataille a déjà été mentionnée.

109. Ce thème de l'orgueil (ὕβρις) puni est une référence fondamentale de la pensée grecque. Xerxès, roi de Perse, défait à Salamine en 480 (Guerres Médiques), en était une illustration fameuse, évoquée dans la tragédie d'Eschyle *Les Perses*.

110. Le conseil de Parménion et la réplique d'Alexandre sont rapportés par tous les historiens. Le raisonnement d'Alexandre est une réponse directe à la deuxième lettre de Darius (p. 74). La situation s'est complètement retournée.

111. Allusion édulcorée à l'incendie de Persépolis.

112. Un cratère est un grand vase où l'on mêlait l'eau et le vin et dans lequel on puisait avec des coupes. Le luxe des palais perses était inouï.

113. Le tombeau de Cyrus, décrit comme une tour, était en fait une sorte de petite pyramide au sommet de laquelle s'élevait une chapelle qui abritait le sarcophage. Il se trouvait à Pasargadès, un peu au nord de Persépolis. Alexandre en prit un soin tout particulier, qui lui valut le surnom de Philokuros, « ami de Cyrus ». Cyrus (558-528) était le fondateur de la dynastie achéménide.

114. Le texte L du roman (II, 23) décrit comme une pratique perse les mutilations infligées aux gardiens des tombeaux.

115. La drachme est une monnaie attique, d'environ 4 g d'argent.

116. Après Gaugamèles, Darius se réfugia à Ecbatane tandis qu'Alexandre prenait la route de Babylone et des grandes capitales. Il ne se trouvait donc pas à Persépolis quand Alexandre prit la ville (330) ; la rencontre évoquée précédemment est, rappelons-le, entièrement imaginaire. Ici, le roman, de nouveau, rejoint l'histoire. D'Ecbatane, Darius se dirigea vers l'est pour y reconstituer ses forces. Il franchit les Portes Caspiennes. Alexandre, à marches forcées, se lança à sa poursuite ; mais Darius fut trahi par ses satrapes et assassiné (juillet 330).

117. On entre de nouveau dans l'univers romanesque, au prix d'une rupture dans la continuité logique du texte : la scène se passe à Persépolis ; la mort de Darius a lieu en présence d'Alexandre.

118. La chlamyde est une casaque militaire en forme de cape que les cavaliers portaient par-dessus leur cuirasse. Celle d'Alexandre était de couleur pourpre.

119. On trouve dans ce passage et dans les pages qui suivent les principes essentiels de la politique d'assimilation menée par Alexandre. Le roman épure ici l'histoire et la simplifie. En fait, Alexandre épousa Roxane de Bactriane, puis, plus tard, lors des noces de Suse (324), la propre fille de Darius.

120. Le schène est une unité de mesure au cordeau, dont la valeur n'est pas universellement fixée et varie de 5 à 10 km.

121. Le statère est une monnaie d'or créée par Alexandre, pesant environ 8,5 g.

122. Toutes ces dispositions présentent pêle-mêle des allusions aux législations en vigueur dans le monde hellénistique, spécialement en Perse et en Egypte.

123. Le satrape régicide Bessos ne fut capturé par Ptolémée qu'un an après le meurtre de Darius (329). Alexandre le fit passer en procès puis le livra à la famille de Darius qui le fit supplicier (328).

124. Stateira et Rodogune (en réalité Sisygambis) sont respectivement la femme et la mère de Darius. Cette correspondance est entièrement romanesque.

125. La prosternation (προσκύνησις) est une attitude de respect et de soumission dans le cérémonial perse comparable à celle que l'Islam adopte pour la prière : le sujet s'agenouille devant son souverain et pose son front sur le sol. Alexandre tenta de faire adopter cette pratique par son entourage, suscitant un mouvement de révolte chez les Grecs, dont le représentant le plus déterminé fut Callisthène d'Olynthe, l'historiographe de l'expédition : il fut exécuté sur ordre d'Alexandre (327).

126. Cette réplique est conforme à la sagesse dont fait preuve Alexandre dans le roman, mais est loin de la vérité historique.

127. On se souvient (cf. p. 79) qu'Olympias avait fait partie de l'expédition : d'après le roman, elle regagna la Macédoine peu après la première bataille contre Darius, emportant probablement une partie du butin.

128. Némésis, la Vengeance, et Diké, la Justice, sont deux divinités grecques qui assurent l'équilibre du monde en abaissant les puissants et en relevant les humbles.

129. Ici s'achève le Livre II. Après la mort de Darius, Alexandre soumit les satrapes révoltés et travailla à asseoir son pouvoir sur l'empire achéménide (330-328 : campagnes en Arachosie, Sogdiane, Bactriane, dans la haute vallée de l'Indus). Il négocia des alliances avec les souverains locaux et se lança sur la route des Indes. Le roman, une fois de plus, épure l'histoire en évoquant rapidement la lutte contre Poros et quelques épisodes de la campagne des Indes, devenus mythiques.

130. Après la mort de Darius, les contingents grecs furent de plus en plus réticents pour poursuivre l'expédition. Alexandre eut à dompter plusieurs mutineries, dont la plus fameuse, sur l'Hyphase, l'obligea à rebrousser chemin (326). Les soldats vaincus étant incorporés, les Perses combattent désormais aux côtés d'Alexandre.

131. Voir l'annexe mythologique, s.v. Dionysos.

132. Les Indiens combattaient avec des éléphants. Dès son arrivée dans la vallée de l'Indus, Alexandre s'en fit livrer par les princes qu'il affronta. La tradition historique ne mentionne que les éléphants, mais Marco Polo rapporte que le grand Khan disposait de léopards, de loups et de tigres spécialement dressés pour la chasse (*Livre des Merveilles*, chap. 64).

133. La coudée est une unité de mesure valant 44 cm. Poros était, en effet, de taille gigantesque.

134. La campagne contre Poros fut en réalité difficile et meurtrière. Poros finit par se rendre, et Alexandre le maintint généreuse-

ment roi de ses Etats. Le roman ne tire aucun parti du beau rôle — politique — que tint Alexandre et que soulignent tous les historiens. Il s'éloigne du genre historique pour s'orienter vers l'aventure merveilleuse, s'inspirant peut-être de certaines monnaies qui représentent le combat contre Poros comme un duel où s'affrontent Alexandre, léger et minuscule, à cheval, et Poros monté sur un éléphant. Bucéphale mourut lors de cette campagne, Alexandre fonda sur l'Hydaspe Alexandrie-Bucéphale.

135. Cet épisode évoque rapidement plusieurs assauts contre des nids d'aigles, dans les vallées sub-himalayennes. Le mot perse Avarana signifie « le fort, le refuge ». Les Grecs comprennent ce terme comme un composé de ἀ — (« sans ») et 'όρνις (« oiseau »). On peut penser qu'il s'agit ici plus précisément de la citadelle de Pir Sar, dans la vallée du Haut-Indus, prise en 327, avant la campagne contre Poros. Pour les allusions à Dionysos et Héraclès, voir l'annexe mythologique.

136. Après la campagne contre Poros (326) dans la vallée de l'Hydaspe, Alexandre reprit sa marche vers l'est jusqu'à l'Hyphase. Il souhaitait, après une longue marche dans le désert, affronter le puissant roi de Maghada, capable de mobiliser une armée immense, qui régnait sur la haute vallée du Gange. Mais l'armée refusa de le suivre, et Alexandre rebroussa chemin après avoir élevé sur les bords de l'Hyphase douze autels gigantesques en l'honneur des Olympiens, bornes de ses conquêtes.

137. Épisode situé dans la continuité chronologique du texte : après la révolte de l'Hyphase, Alexandre entreprit de descendre le cours de l'Indus. Dans la vallée de l'Hydraotès, lors de l'assaut d'une ville avec des échelles, Alexandre fut blessé. Les représailles macédoniennes furent terribles (326). Avec cet épisode prend fin dans le roman la campagne militaire d'Alexandre. Un merveilleux voyage commence : exploration, aventure. En réalité, la descente de l'Indus fut bien une expédition militaire.

138. On voit généralement dans ce passage une interpolation empruntée à un opuscule de Palladius (moine, puis évêque chrétien, fin IVe, début Ve siècle) sur les peuples de l'Inde et les brahmanes. Lors de la descente de l'Indus, les Oxydraques résistèrent à Alexandre qui mena contre eux une campagne particulièrement féroce. Ils lui firent leur soumission après la prise de la citadelle mallienne qui vient d'être évoquée. Les sages indiens, appelés sans distinction brahmanes ou gymnosophistes, furent l'âme de la résistance : Alexandre fit exécuter plusieurs d'entre eux. Il en captura d'autres qu'il interrogea, et qui durent leur libération à la pertinence de leurs réponses. On mesure sans peine le travail hagiographique effectué une fois de plus par le roman.

139. Idée classique du σῶμα σῆμα : le corps est un tombeau, la vraie vie ne commence qu'après la mort.

140. Le texte joue sur l'ambiguïté du mot πανοῦργος : « capable de tout », du meilleur (donc « adroit, habile ») comme du pire (donc « méchant, fourbe »).

141. Plusieurs lettres d'Alexandre à Aristote ont circulé dans le

monde antique, comme écrits indépendants, ou diversement intégrées dans les différentes versions du roman. Sur Aristote, voir n. 12.

142. Cette lettre entraîne le lecteur dans une sorte de voyage hors du temps auquel il s'était jusqu'ici référé. Les aventures évoquées ne sont plus liées à une chronologie linéaire : retours en arrière, répétitions. La ville des Prasiens, dans la haute vallée du Gange, ne fut jamais atteinte par Alexandre, qui rejoignit la mer en descendant le cours de l'Indus : en 325, il s'installa à Pattala, capitale du district du delta de l'Indus. Cette cité des Prasiens est donnée dans le roman comme la capitale de Poros. Sa situation n'est pas claire.

143. Ce sont les Ichtyophages, « mangeurs de poisson », qu'Alexandre rencontra lors de son retour en longeant la côte de la mer Erythrée.

144. Les troupes de Néarque qui accompagnèrent l'expédition par mer furent terrifiées par des baleines qu'elles croisèrent dans le golfe Persique. L'allusion aux défenses n'est pas sûre ; on peut comprendre aussi : « il portait sur lui des éléphants »(?) ou encore comme Pfister « il avait la peau comme les éléphants ».

145. L'expression est d'Aristote lui-même. Elle désigne l'étude des choses de la nature, ou physique, par opposition à la morale et à la logique.

146. Il s'agit probablement de bambous.

147. Voir n. 38. Le conquérant égyptien Sésostris conquit par mer les rivages de la mer Erythrée (actuel golfe d'Oman). Néarque effectua sur ordre d'Alexandre un périple d'exploration dans cette même mer.

148. Ce monstre « à corne unique » est vraisemblablement un rhinocéros. Le néologisme « tyrannodonte » est d'Hélène Vairel.

149. Cet épisode, qui évoque les « campagnes alpestres » d'Alexandre dans les régions sub-himalayennes, avant la campagne contre Poros, pourrait aussi décrire un phénomène volcanique.

150. Ce désert ressemble à celui qui sépare l'Hyphase du royaume de Maghada sur le Gange (douze jours de marche, direction du sud-est, fauves). Le roman élude l'échec de la tentative d'Alexandre pour s'y rendre (révolte de l'Hyphase) et s'en rapporte à la tradition selon laquelle l'Indus marquait la limite du monde habité.

151. L'épisode est entièrement légendaire.

152. Le myrobalan ou myrobolan est un arbre aromatique précieux dont les fruits desséchés ont le parfum de la myrrhe.

153. Le roman se donne clairement un nouveau but, oublié jusque-là malgré les prophéties initiales.

154. Deux interprétations sont possibles pour cette phrase. Βασιλεῖ νόμος ἄγραφος : « Pour un roi, il n'y a pas de loi écrite (qui tienne) » ; ou alors : « Pour un roi la loi n'est pas écrite », c'est-à-dire : la loi ne dit rien en ce qui concerne les rois. Selon Aristote, un roi, s'il est sage, peut mieux que la loi, puisqu'il décide en fonction des cas particuliers et non en général.

155. Les nombreux assassinats qui furent perpétrés à la cour de Macédoine après la mort d'Alexandre frappèrent vivement les esprits avant de tomber dans l'oubli.

156. « Salomyrins » et « ioulis » sont des poissons d'espèce non identifiée.

157. Depuis le delta de l'Indus, Alexandre rejoignit Persépolis (325) par la côte (traversée du désert de Gédrosie). Il réorganisa son empire, châtia les rebelles, fit restaurer le tombeau de Cyrus, gagna Suse où furent célébrées les fameuses noces entre les Macédoniens et les femmes de l'aristocratie perse (324), puis se dirigea vers Babylone, désignée dans le roman comme la « capitale de Sémiramis ». Le roman ne conserve de l'histoire qu'une très légère infrastructure.

158. De retour à Babylone (324), Alexandre projetait de conquérir l'Arabie. Il prépara une mission de reconnaissance, prévue pour 323, chargée de contourner la péninsule et de remonter l'actuelle mer Rouge. D'où, peut-être, la confusion entre le royaume de Sémiramis et l'Ethiopie. Sémiramis était une reine assyrienne (825-810) admirable de beauté et de génie, qui devint vite un personnage de légende : fille d'un mortel et d'une déesse, elle fut abandonnée et élevée par des bergers. Un grand seigneur, officier du roi Ninus, charmé par sa beauté, l'épousa : elle l'accompagna dans ses campagnes et ce fut grâce à son ingéniosité que le roi put prendre d'assaut la citadelle de Bactres. Le roi la ravit alors à son époux qui se pendit. A la mort du roi, elle devint maîtresse absolue de l'Assyrie. Elle étendit ses conquêtes de la Libye aux rives de l'Indus, fonda la ville de Babylone aux célèbres murailles, jeta un pont sur l'Euphrate, aménagea les berges du fleuve, fit construire de splendides palais, des temples… Elle disparut mystérieusement, le bruit courut qu'elle avait été changée en colombe. Dans le roman, la reine Kandaké est sa digne héritière. Kandaké est un nom habituel des reines d'Ethiopie. Méroé est une grande île sur le Nil (Soudan actuel), capitale du royaume éthiopien de Nubie. Une civilisation florissante, dite « méroïtique », s'y développa pendant trois siècles (VIe-IVe siècle avant J.-C.). Les Ethiopiens dominèrent effectivement l'Egypte pendant quelques décennies (fin du VIIIe siècle avant J.-C.). Leur piété à l'égard d'Ammon était bien connue.

159. Les Egyptiens transportaient les statues de leurs dieux dans de petites niches (ναός) traînées sur des chariots.

160. Les Ethiopiens étaient réputés dans le monde grec pour leur « teint brûlé ».

161. Tout en évoquant précisément les somptueuses richesses de l'Afrique noire, cette énumération s'intègre dans la série des merveilles découvertes par Alexandre, en Perse, en Inde et ailleurs. Ce thème du « royaume merveilleux », aux richesses tant naturelles qu'artistiques, joue un rôle structurant dans le texte, tout particulièrement en l'absence de repères chronologiques.

162. Les Grecs dans l'Antiquité étaient réputés pour leur peinture autant que pour leur sculpture. Il ne reste pas grand-chose des originaux peints, dont on peut toutefois se faire une idée d'après les peintures de Campanie (Pompéi) ou les portraits du Fayoum, en Egypte, qui appartiennent à la peinture grecque quoique datant de l'occupation romaine. Le premier peintre dont on connaisse une œuvre est Boularchos, qui peignit un tableau pour le roi Candaule de

Lydie (fin VIIIe siècle avant J.-C.). De là vient peut-être le nom de Kandaulès. Alexandre avait son peintre attitré, Apelle, dont un des tableaux, représentant la bataille d'Issos, a inspiré la superbe mosaïque retrouvée dans la maison du Faune à Pompéi.

163. Kandaulès figure au nombre des convives qui prennent leur repas à la cour de Darius le jour où celui-ci invite Alexandre à sa table.

164. Amazones et Bébryces n'ont géographiquement rien à voir avec l'Ethiopie. Les Amazones, tribu légendaire de femmes belliqueuses, étaient censées vivre en Scythie et en Libye. Les Bébryces sont des Thraces implantés en Asie Mineure. La visite d'Alexandre chez la reine Kandaké est en fait un épisode entièrement autonome, indifférent à l'histoire, et parfaitement maîtrisé du point de vue romanesque : finesse psychologique, cohérence dramatique raffinée (thème du déguisement), suspens, humour. C'est un petit chef-d'œuvre en soi, peut-être d'origine égyptienne. L'enlèvement d'une femme est un motif universel et éternel (cf. la guerre de Troie).

165. Ce petit détail a son intérêt : Alexandre ne porte plus la chlamyde (χλαμύς), manteau militaire dont il avait couvert le corps de Darius, mais un manteau léger de laine fine et précieuse : χλανίς. Le ton du roman a changé.

166. Ce paradis terrestre réunit toutes les merveilles qu'Alexandre a trouvées sur sa route au cours de son expédition. C'est en Perse que ses troupes rencontrèrent ces vergers fabuleux; en Bactriane et en Sogdiane, pays de haute montagne, les Grecs virent en abondance lapis-lazulis, cornalines, turquoises, topazes; dans les monts des Orites (actuel Pakistan) ils découvrirent des pierres précieuses qu'ils ne connaissaient pas, le rubis et l'émeraude. De même, plus bas, la description du palais et des ouvrages d'art est une évocation des palais et des trésors des rois perses (Babylone, Suse, Persépolis, Ecbatane...).

167. L'*Iliade* (I, 423) rapporte que les dieux de l'Olympe séjournent parfois en Ethiopie.

168. Le Pactole est un petit fleuve de Lydie qui roulait des paillettes d'or et qui fit la fortune du roi Crésus.

169. Voir plus haut p. 64 et p. 128, et les notes.

170. Cette entrevue prépare la fin du roman comme un retour aux sources.

171. Fin de l'épisode, Alexandre abandonne son déguisement et reprend son costume royal.

172. Les Amazones sont des femmes légendaires, cavalières exceptionnelles, douées d'une force et d'une grâce surhumaines. Les diverses traditions les font vivre sur le Pont, en Scythie ou en Libye. La situation de ce pays dans le roman n'est pas claire. La description du fleuve circulaire qui entoure leur île en fait de toutes façons un lieu avant tout merveilleux. Achille et Héraclès les rencontrèrent : Achille tua la reine des Amazones, Pentesiléa, pendant la guerre de Troie, et Héraclès captura Hippolyte après avoir écrasé son armée, pour lui ravir sa ceinture.

173. Deux interprétations sont possibles pour τὰ τρία μέρη τῆς

οἰκουμένης : soit absolument : les trois parties du monde habité, c'est-à-dire l'Europe, l'Afrique et l'Asie — autrement dit, pour un homme de l'Antiquité, le monde entier ; soit relativement : les trois quarts du monde habité, Alexandre n'ayant pas terminé ses conquêtes, ni dans la réalité, ni dans le roman. La réponse des Amazones quelques lignes plus loin (τὴν οἰκουμένην πᾶσαν) nous incite à choisir la première interprétation.

174. La mine est une unité de compte attique valant cent drachmes (la drachme vaut 4,3 g d'argent).

175. Ce passage maladroitement placé entre plusieurs lettres s'explique sans doute ici par l'association implicite entre le pays des Amazones en Scythie et les campagnes d'Alexandre en Asie, Sogdiane et Bactriane, régions géographiquement voisines. Ces campagnes se situent après la défaite de Darius et avant la campagne contre Poros, que le roman donne comme régnant sur le pays des Prasiens (cf. p. 131). C'est un temps de mousson qui est ici évoqué.

176. Voir plus haut p. 123 et la note 136. Dans ce passage, le pays des Prasiens (dans la haute vallée du Gange) et le roi qui y règne sont correctement différenciés du royaume de Poros (non cité). Allusion édulcorée à la révolte de l'Hyphase qui obligea Alexandre à renoncer à poursuivre son expédition vers l'est. Après avoir fait élever douze autels gigantesques sur les bords du fleuve en l'honneur des Olympiens, Alexandre rebroussa chemin. L'Océan était pour les Anciens un fleuve qui coulait tout autour de la terre, et qui donc en marquait le terme. Alexandre est presque parvenu au bout du monde.

177. La correspondance entre Aristote et Alexandre est bien attestée. Il est intéressant de noter combien cette brève et unique lettre d'Aristote est flatteuse et édifiante. L'Histoire a gardé la mémoire d'une lettre-bilan autrement critique (« *Lettre d'Aristote à Alexandre sur le gouvernement des Etats* »), datant probablement de 328-327, où le philosophe met le prince en garde contre les tentations de l'orgueil et de la tyrannie.

178. Citation d'Homère, *Odyssée* I, 3. Nestor est réputé dans l'*Iliade* pour la sagesse de ses avis, Ulysse pour son courage et son ingéniosité.

179. *Odyssée* I, 23. Hypérion est confondu ici avec Hélios, le Soleil, dont il est le père.

180. Voir p. 134 et note 158 pour le déroulement chronologique du roman. Alexandre en 324 regagna Babylone où il s'installa pour préparer l'expédition d'Arabie. Le récit continue logiquement après la lettre à Olympias, p. 149.

181. Cette lettre est particulièrement incohérente du point de vue géographique. Les colonnes d'Héraclès étaient des éminences naturelles situées de part et d'autre du détroit de Gibraltar : elles marquaient pour les Anciens le bout du monde vers l'ouest. Allusion au projet conçu par Alexandre lors de son retour à Babylone de conquérir l'Arabie, puis d'attaquer Rome et Carthage à partir de l'Egypte.

182. Le fleuve Atlas, ou Océan (atlantique) marquait vers l'ouest la fin du monde habité. Cette lettre aux références confuses est en fait un résumé de toutes les aventures d'Alexandre.

183. Cette île merveilleuse apparaît dans de nombreuses mythologies (voir, par exemple, les aventures de Sinbad le Marin). Sa localisation n'est pas précise ; les peuplades évoquées sont situées par les Anciens en Inde, en Ethiopie ou en Libye.

184. Il s'agit du Don actuel.

185. Résurgence du thème du palais merveilleux ; les descriptions évoquent les palais de Suse, de Persépolis et de Babylone dont certains chefs-d'œuvre (la vigne d'or, par exemple) étaient bien connus des Grecs de l'Antiquité.

186. Allusion aux « noces de Suse », où fut célébrée magnifiquement l'union des Macédoniens avec des femmes de l'aristocratie perse.

187. Le monstre Scylla (*Od.* XII, 245 sq.), qui gardait le détroit de Messine, avait le bas du corps composé de six corps de chiens et portait, au bout de six cous gigantesques, six têtes terrifiantes.

188. Les mages ici évoqués sont des prêtres perses chargés d'interpréter les signes (et non, comme Nectanébo, des magiciens). Les Chaldéens, prêtres babyloniens, sont réputés pour leurs connaissances astrologiques qui leur permettent de lire dans les astres ce qui se passe ou se passera sur la terre. Ils pratiquent toutes les formes de divination.

189. Allusion aux guerres des diadoques, que se livrèrent entre eux les successeurs d'Alexandre.

190. Antipater était régent de Macédoine en l'absence d'Alexandre. Ses querelles avec Olympias étaient bien connues. Il fut accusé d'avoir fait empoisonner Alexandre, qui, en fait, mourut probablement d'une crise de paludisme (323). Cratère fut chargé par Alexandre d'accompagner en Macédoine les soldats qui, vieux ou malades, demandèrent à être libérés après la révolte d'Opis (324). Les historiens anciens considéraient déjà le récit de l'empoisonnement d'Alexandre comme une légende.

191. Cette tentative de suicide est une invention romanesque qu'Arrien rejette vigoureusement.

192. Ptolémée et Perdiccas étaient tous deux très proches d'Alexandre. Peu avant sa mort, Alexandre, qui ne pouvait plus parler, remit son anneau royal à Perdiccas, le désignant ainsi comme son successeur. Ptolémée enleva la dépouille d'Alexandre et gagna ainsi une partie du pouvoir.

193. Le roman donne vie à l'épisode en détachant un personnage fictif sur toile de fond historique : le tumulte des Macédoniens et leur défilé devant le lit d'Alexandre — qui ne pouvait plus parler — sont attestés par les sources historiques.

194. C'est ici que se situe, dans le texte grec que nous traduisons, le *Testament d'Alexandre*. Nous avons préféré reporter ce texte à la fin du roman pour ne pas interrompre le récit.

195. Cette scène d'une parfaite sobriété est à rapprocher de la naissance d'Alexandre (p. 46). Elle suggère évidemment l'apothéose du héros.

196. La dépouille d'Alexandre fut transportée à Memphis, puis à Alexandrie où Ptolémée lui fit élever un somptueux tombeau : coup

de force de celui-ci, qui utilisa à son profit la gloire du conquérant dont il voulait paraître un digne successeur. La réponse de l'oracle est une invention du roman.

197. Les successeurs d'Alexandre ne tardèrent pas à se faire proclamer rois dans les provinces dont ils avaient la charge.

198. Mois du calendrier égyptien. Alexandre mourut le 13 (ou 10?) juin 323.

199. Alexandre mourut sans avoir rédigé de testament. Les rivalités qui opposèrent entre eux les premiers diadoques (Perdiccas, Ptolémée, Séleucos, Cratère, etc.) inspirèrent toutefois des testaments apocryphes.

200. Diodore (XX-81) fait état d'une tradition selon laquelle Alexandre aurait choisi Rhodes pour y déposer son testament. Cette petite île connut au IIIe siècle avant J.-C. une période de prospérité fondée principalement sur ses activités commerciales. Deux événements historiques peuvent éclairer l'interprétation de cette « lettre aux Rhodiens », dont les références ne sont pas toujours claires. Assiégée en 305 par Démétrios, elle fut secourue par Ptolémée (qui reçut alors le surnom de Sôter) qui lui livra des vivres. Détruite par un tremblement de terre en 227, elle fut immédiatement reconstruite grâce à des secours venus de tout le monde grec. Une chose est claire : cette première partie du Testament est nettement favorable à Ptolémée — ce qui n'a rien d'étonnant dans un roman d'origine égyptienne.

201. Thèbes fut reconstruite bien après la mort d'Alexandre à l'initiative de Cassandre, le fils d'Antipater (fin IVe siècle avant J.-C.).

202. 'Επικσευή : « équipement, remise en état, restauration, reconstruction »; question d'interprétation, selon qu'on voit dans l'épisode telle ou telle allusion. La reconstruction de Thèbes est décrite par le verbe ἐπανορθόω : « relever, redresser ».

203. Cette deuxième partie du Testament règle la question de la succession. Cette distribution évoque l'attribution des satrapies de la tradition historique, assortie de closes matrimoniales conformes elles aussi, dans leur principe, à la tradition. On situe généralement l'origine de ce texte dans les années 321-320, juste après la mort d'Alexandre.

204. Nom de la dynastie macédonienne à laquelle Alexandre appartenait par Philippe.

205. Cette énumération et la suivante quelques lignes plus bas obéissent à un ordre géographique.

206. Cette décision fut prise et exécutée après la révolte d'Opis (323), avant la mort d'Alexandre.

207. Cette partie du Testament est essentiellement favorable à Perdiccas, à qui Alexandre, de fait, transmit son anneau royal alors qu'il ne pouvait déjà plus parler. Perdiccas tenta vainement de sauver l'unité de l'empire. Il souhaitait faire acheminer la dépouille d'Alexandre en Macédoine. Ptolémée détourna le convoi vers l'Egypte et travailla à s'y poser comme le digne successeur d'Alexandre. Cette seconde partie du Testament est donc en contradiction avec la Lettre aux Rhodiens.

ANNEXE MYTHOLOGIQUE

Achille. Héros grec de la guerre de Troie, dont la « colère » fait le sujet de l'*Iliade*. Il est le fils d'une nymphe, Thétis, et du mortel Pélée, roi de Phtie, en Thessalie. Après le meurtre de son ami Patrocle, il lutta contre Hector en combat singulier et tua le héros troyen, annonçant ainsi la victoire des Grecs.

Ce jeune guerrier, vigoureux, impétueux, souvent violent, voué à une mort rapide et glorieuse, fut particulièrement admiré par Alexandre.

Ammon. Dieu local de la ville de Thèbes, il devint divinité impériale à partir du Moyen Empire. Il paraît lié au vent et au souffle, mais présente aussi des caractères chtoniens. Il absorba les qualités du dieu solaire d'Héliopolis, Râ, et fut honoré sous le nom d'Ammon-Râ. Créateur des autres dieux, il est unique de son espèce et n'a ni commencement ni fin. Ammon fut identifié à Zeus. Une légende tardive rapporte que Dionysos (ou Héraclès ?) traversant les déserts de Libye et sur le point de mourir de soif fut secouru par un bélier envoyé par Zeus, qui le guida jusqu'à une source.

Ammon est représenté avec une tête de bélier, les cornes enroulées sur les tempes. L'oracle de Siwah en Libye était particulièrement réputé en Grèce. Alexandre alla le consulter après avoir fondé Alexandrie et fut salué comme « fils du dieu et maître du monde ».

Aphrodite. Déesse de l'amour et de la beauté, elle avait pour époux Héphaïstos, le dieu boiteux... auquel elle n'était guère fidèle. Celui-ci l'emprisonna nue dans un filet, en compagnie de son amant Arès, et convia les dieux à rire de leur honte. Aphrodite aima aussi le jeune dieu syrien Adonis, qui fut mortellement blessé par un sanglier au cours d'une chasse. Du sang de son amant, Aphrodite fit naître l'anémone rouge.

Arès. Dieu de la guerre, impulsif et violent, il fut souvent victime de plus malin que lui. Sa liaison avec Aphrodite, l'épouse d'Héphaïstos, fut découverte par le Soleil, Hélios, qui avertit le mari trompé. Ce dernier piégea les amants dans un filet et convia tous les dieux à ce risible spectacle.

Athéna. Cette fille de Zeus était une déesse guerrière. L'épithète « nicéphore » signifie qu'elle accorde la victoire, victoire qu'elle doit essentiellement à l'intelligence et à l'habileté dont elle sait faire preuve.

Elle est représentée avec un casque, une cuirasse, un bouclier et une lance.

Coré. Fille de Zeus et de Déméter, la « déesse mère », Coré fut enlevée par Hadès, le maître des Enfers, qui en fit son épouse. Déméter obtint cependant de Zeus que sa fille passerait six mois de l'année auprès de son époux, et les six autres mois sur terre. Ce mythe, lié au retour des saisons et de la fécondité de la terre, était au centre des Mystères qui étaient célébrés à Eleusis, non loin d'Athènes.

Cronos. Fils d'Ouranos, le ciel, et de Gaia, la terre, dieux primordiaux, Cronos émascula son père pour régner à sa place. Un oracle lui ayant prédit qu'il serait à son tour détrôné par son fils, il avalait ses enfants au fur et à mesure qu'ils naissaient. Sa femme Rhéa réussit à sauver Zeus en substituant une pierre au nouveau-né. Zeus fut donc élevé secrètement. Grâce à un émétique préparé par Métis (« la ruse »), elle fit rendre à Cronos les cinq enfants qu'il avait dévorés : Hestia, Déméter, Héra, Hadès et Poséidon. Le combat des Géants qui luttaient avec Zeus, contre les Titans qui défendaient Cronos, prit fin avec la victoire de Zeus : Cronos fut précipité dans les profondeurs du Tartare. Zeus et ses deux frères se partagèrent le monde : Zeus régna sur le ciel, Poséidon sur la mer et Hadès sur les enfers.

Dionysos. Dieu du vin et de l'extase libératrice, il était le fils de Zeus et d'une mortelle, Sémélé, la fille du fondateur de Thèbes, Cadmos. Héra, jalouse, persuada Sémélé de demander à Zeus de se révéler dans toute sa puissance : victime de l'éclat du dieu, Sémélé mourut consumée. Zeus sauva cependant l'enfant qu'elle portait, et, s'étant ouvert la cuisse, il l'y plaça et le mena à terme. Il donna ainsi naissance à Dionysos, qui fut confié à Ino, la sœur de Sémélé. La haine d'Héra frappa Ino de folie, elle se jeta à la mer avec son fils Mélicerte. Pour protéger son enfant, Zeus le transforma en chevreau, et il fut élevé par les Nymphes et Silène, le sage fils du dieu Pan. Dionysos eut à affronter de nombreux incrédules, dont son cousin Penthée, héritier du trône de Thèbes, qui refusait de reconnaître sa divinité. Sous les traits d'un beau jeune homme, il l'invita à se déguiser en femme et à épier, du haut d'un pin, les danses folles des Bacchantes, adeptes de son culte. La mère de Penthée, Agavé, l'aperçut et, dans leur délire, les Bacchantes le mirent en pièces. Dionysos enseigna aux hommes la culture de la vigne. Il voyagea beaucoup accompagné d'un cortège de Ménades (« les folles »), de Satyres et de Silènes. Il fonda en Egypte l'oracle d'Ammon. Il passa l'Euphrate sur un pont de lierre et de vigne entrelacés, et se rendit jusqu'au Gange avant de rejoindre la Grèce sur un char tiré par des léopards.

Dionysos est parfois appelé Bromios, « dieu bruyant », Lénaios, « dieu du pressoir », ou Lyaios, « dieu libérateur ».

Il est représenté sous les traits d'un jeune homme couronné de lierre et de vigne; il porte le thyrse, longue hampe surmontée d'une pomme de pin et ornée de lierre, à laquelle s'enroulaient parfois aussi des serpents.

La reine Olympias fut une fervente adepte de son culte.

Eros. Fils d'Arès et d'Aphrodite, il est le dieu du désir et de l'amour.

Il est représenté, à l'époque hellénistique, comme un enfant ailé muni d'un carquois plein de flèches.

Hadès. Fils de Cronos, frère de Zeus, il régnait sur le monde souterrain, les Enfers, royaume des morts; il avait pour femme Coré, fille de sa sœur Déméter.

Hector. Fils du roi Priam, Hector est le héros troyen de la guerre de Troie. Guerrier valeureux, il fut mis à mort par Achille dont il avait tué l'ami, Patrocle.

Hélios. Dieu personnifiant le soleil, il voyait et entendait tout. Il traversait chaque jour le ciel d'est en ouest sur un char tiré par quatre chevaux, et regagnait l'est, la nuit, dans une coupe d'or qui flottait sur l'Océan. Il est souvent surnommé Phoibos (Phébus), surnom par ailleurs attribué à Apollon.

Il est représenté la tête couronnée de rayons, armé de flèches.

Héphaïstos. Ce dieu forgeron était pour les Grecs un fils d'Héra (quatrième génération de dieux). Son homologue égyptien, Ptah, patron des artisans, était, lui, honoré à Memphis comme le grand dieu primordial.

Héraclès. Fils de Zeus et d'une mortelle, Alcmène, l'épouse du Thébain Amphitryon, ce héros, doué d'une force surhumaine, accomplit de nombreux exploits. Sa carrière de justicier, bienfaiteur de l'humanité, fut également marquée par plusieurs accès de folie furieuse dont le frappa la jalousie d'Héra. C'est ainsi qu'il tua son épouse Mégara et ses trois fils. A la suite de ce meurtre, l'oracle de Delphes lui ordonna de se mettre au service d'Eurysthée, qui lui imposa les fameux douze travaux. La Pythie lui donna alors le nom d'Héraclès pour apaiser la colère d'Héra. Jusqu'alors, son nom avait été Alcide, d'après celui du père d'Amphitryon, Alcée. Au nombre de ses travaux figure la lutte contre l'hydre de Lerne, serpent d'eau (littéralement « dragon ») à plusieurs têtes : quand Héraclès eut tué le monstre, il recueillit son venin pour empoisonner ses flèches. Pour accomplir ses travaux, Héraclès parcourut de nombreuses contrées. Il se rendit par exemple chez les Amazones, en Thrace ; il gagna aussi, pour voler les bœufs de Géryon, l'île mythique d'Erythie, dans l'océan Atlantique, et éleva sur le détroit de Gibraltar deux colonnes en mémoire de cette expédition ; il atteignit l'extrême Occident pour cueillir les pommes d'or du jardin des Hespérides ; il descendit enfin aux Enfers pour capturer Cerbère, le monstre qui en gardait l'entrée. Une seconde crise de démence meurtrière le conduisit de nouveau à Delphes, mais la Pythie, cette fois, se détourna de lui. Héraclès s'empara alors du trépied sacré et engagea la lutte avec Apollon, qui tentait d'intervenir. Zeus sépara les adversaires, et la Pythie rendit son oracle : Héraclès dut servir Omphale, la reine de Lydie. Redevenu libre et sain d'esprit, Héraclès se vengea de toutes les injustices qu'il avait subies et épousa Déjanire. Il tua d'une flèche empoisonnée le centaure Nessos qui tentait de violer son épouse : celui-ci, avant de mourir, invita Déjanire à recueillir son sang et à l'utiliser comme philtre d'amour. Déjanire y trempa une tunique qu'elle offrit à Héraclès. Celui-ci, le corps dévoré par la tunique fatale, se rendit sur le mont Oeta, en Thessalie, où un bûcher acheva de consumer ce qui, de lui, était mortel. Un éclair cependant déchira le ciel et le héros disparut : il devait désormais séjourner sur l'Olympe, parmi les dieux.

Héraclès est souvent représenté sous les traits d'un athlète armé d'une massue. Il fut l'un des modèles héroïques d'Alexandre.

Hermès. Messager de Zeus, ce « dieu d'affaires » est essentiellement habile. Son intelligence rusée vint en aide à bon nombre de dieux et de héros. Protecteur des voyageurs, des marchands et des voleurs, il est représenté sous les traits d'un jeune éphèbe, coiffé d'un chapeau ailé à larges bords et chaussé de sandales légères, ailées elles aussi. Il porte le caducée, bâton autour duquel s'enlacent deux serpents.

Lune. La légende attachée à cette déesse est vague. Elle aima passionnément Endymion, roi d'Elide, dont elle eut cinquante filles. Ne pouvant supporter l'idée de sa mort, elle le fit dormir d'un sommeil éternel, ce qui lui permit de demeurer jeune et beau.

Mithra. Dieu indo-iranien. Bienveillant, proche de l'homme, ce dieu de la lumière est célébré dans l'Avesta, le livre sacré des Perses (ve s.) comme un dieu protecteur des contrats et des troupeaux, dieu des combattants qui donne la victoire, dieu guérisseur et secourable. Les rois perses juraient par Mithra, et le Grand Roi participait personnellement à ses fêtes.

Œdipe. Fils du roi de Thèbes Laïos, lui-même fils de Labdacos, descendant de Cadmos, le fondateur de Thèbes, il fut exposé à sa naissance, les pieds liés, sur le Cithéron, un oracle ayant prédit qu'il tuerait et détrônerait son père. Recueilli et élevé par des bergers, il réalisa à son insu la prophétie de sa naissance en tuant un vieillard lors d'une querelle, son père. La reine Jocaste, veuve, fut promise à qui délivrerait la cité d'un terrible fléau : le sphinx, monstre à buste de femme et à corps de lion, posté aux abords de la cité, dévorait tous les voyageurs qui ne savaient répondre à ses questions énigmatiques. Œdipe subit l'épreuve victorieusement, provoquant la mort du monstre, et épousa donc sa mère, toujours à son insu. Quatre enfants naquirent de cette union incestueuse : Etéocle, Polynice, Antigone et Ismène. Un nouveau fléau s'abattit sur la cité : la peste. Le devin Tirésias en révéla la cause en dénonçant la « faute » d'Œdipe. La reine se pendit, Œdipe se creva les yeux et s'enfuit, guidé par Antigone. Leurs descendants subirent eux aussi la malédiction du ciel : Polynice et Etéocle s'entre-tuèrent devant les portes de Thèbes, Antigone fut murée vive dans un caveau.

Orphée. Ce fils légendaire d'un roi de Thrace et de la muse Calliope est le plus fameux des poètes inspirés. Les mythographes anciens célèbrent sa lyre et son chant et décrivent hommes et bêtes accourant pour l'écouter. On lui attribue un voyage en Egypte d'où il aurait rapporté l'institution des Mystères, ainsi qu'une descente aux Enfers, à la recherche de son épouse Eurydice.

Considéré comme l'un des principaux poètes de l'époque héroïque, il est souvent représenté assis sur un rocher, jouant de la lyre et environné d'animaux.

Phaéton. Fils d'Hélios, le Soleil, il obtint de son père la permission de conduire son char à travers le ciel : l'entreprise était folle, les quatre chevaux s'emballèrent et plongèrent vers la terre, ce qui provoqua une sécheresse et brûla la peau des hommes, qui devint noire. Zeus, pour limiter le désastre, précipita d'un éclair le jeune homme hors du char : son corps en flammes tomba dans un fleuve de Ligurie, le Pô.

Phébus. Littéralement « brillant » ; ce surnom est généralement attaché au nom d'Apollon, dieu partiellement associé au Soleil.

Poséidon. Fils de Cronos, frère de Zeus, il régnait sur les mers et les cours d'eau. Taureaux et chevaux lui étaient spécialement consacrés.

Il est représenté sous les traits d'un homme barbu, brandissant un trident.

Pluton. Surnom d'Hadès, dieu des Enfers, qui évoque une idée d'abondance, donc de richesse.

Sarapis (plus habituellement Sérapis). Ce dieu récent du panthéon antique est une création due à la politique religieuse des Ptolémées, dont les théologiens transformèrent le dieu égyptien Ousir-hapy en Sérapis, lui donnant les attributs de plusieurs dieux, égyptiens et grecs. Sérapis s'identifie à Osiris, dieu du monde souterrain, de l'au-delà. Il ne cesse, bien qu'immortel, de mourir et de renaître, dieu de la vie et de la mort à la fois. C'est à ce titre qu'il est rapproché de Dionysos, dont les mystères célèbrent une mort et une résurrection. Sérapis est aussi un dieu guérisseur, comparable à l'Asklépios grec. Il guérit les hommes en leur envoyant des songes interprétés par les prêtres. Il se transforma progressivement en un dieu masculin universel, maître du ciel, de la terre, de la mer, source de toute vie, reprenant les caractéristiques de Zeus.

La première statue de Sérapis pour le Serapeum d'Alexandrie, œuvre du sculpteur athénien Bryaxis, s'inspira des représentations de Zeus : longs cheveux, barbe, visage grave. Sérapis fut d'abord honoré dans le Serapeum d'Alexandrie. De nombreux lieux de culte lui furent consacrés, en Egypte où il supplanta d'anciens dieux comme à Memphis, et dans tous les points de la Méditerranée orientale en rapport avec Alexandrie.

Soleil. Voir Hélios.

Zeus. Dieu suprême, chef du panthéon, il régnait sur le ciel lumineux, et commandait les phénomènes atmosphériques. Honoré comme « père des hommes et des dieux », il était, en fait, le dieu de l'Univers, maître de toutes les destinées.

CARTES

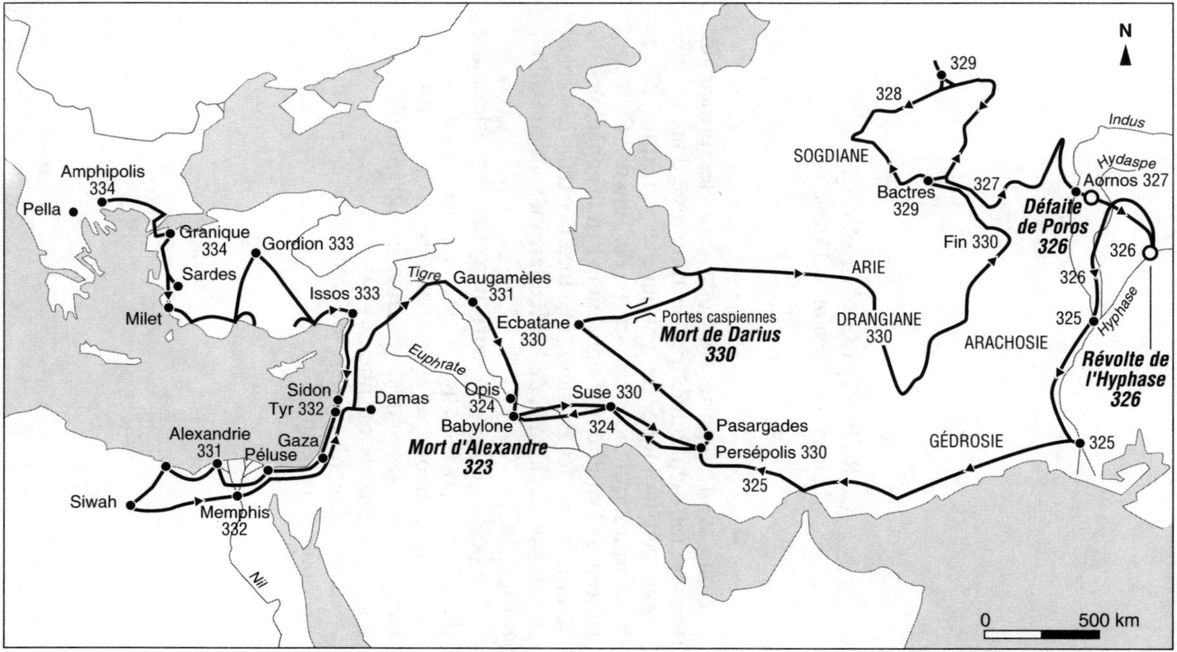

L'expédition d'Alexandre 334 - 323

CARTE DE LOCALISATION
(d'après *Le Roman d'Alexandre*)

Nous avons reporté sur cette carte les principaux toponymes mentionnés par le roman et dont la référence géographique est connue, et quelques places historiques qui peuvent servir de repère. Pour des raisons de lisibilité, n'y figurent ni l'Inde gangétique où se situe la cité des Prasiens, mal localisée dans le roman, ni le bassin occidental de la Méditerranée, mieux connu du lecteur.

Rappelons que l'itinéraire parcouru par Alexandre dans le roman n'est pas l'itinéraire historique et que nous ne pouvons, d'autre part, reproduire sur nos cartes « exactes » des systèmes géographiques qui étaient différents du nôtre.

Cette carte n'est donc qu'indicative et n'a aucun caractère scientifique.

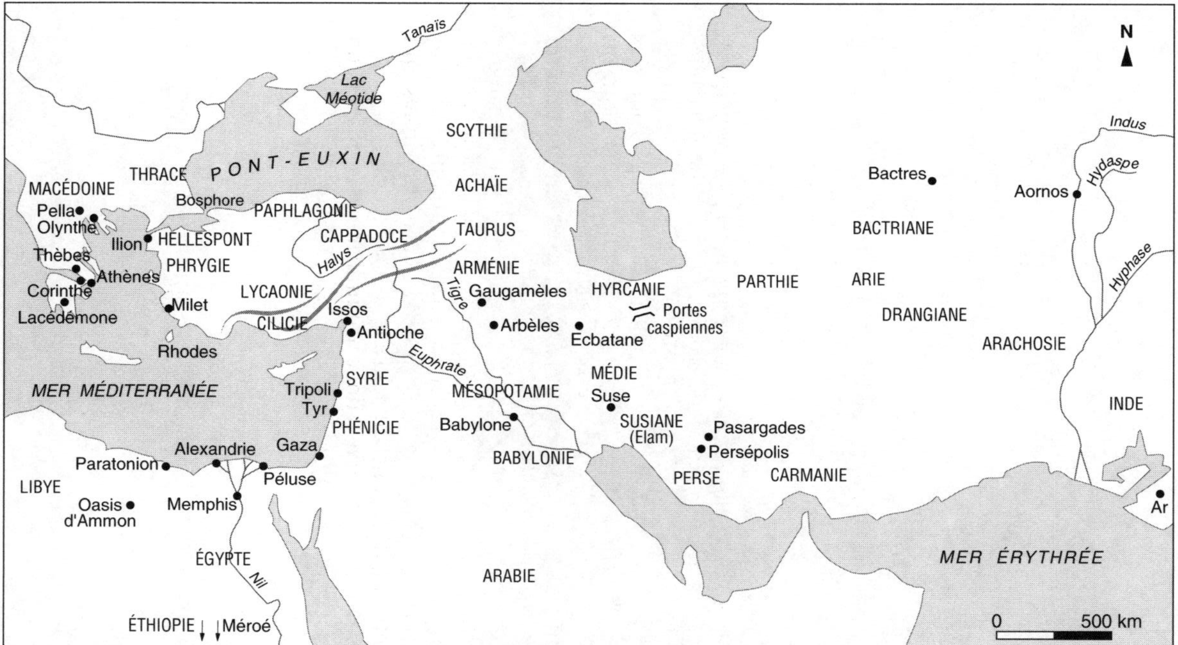

Carte de localisation (d'après *Le Roman d'Alexandre*)

BIBLIOGRAPHIE

En ce qui concerne le texte même du roman, représenté par de nombreuses versions (voir l'Introduction), rappelons que nous avons traduit le texte dit A, censé être le plus ancien, dans l'édition de :

W. Kroll, *Historia Alexandri Magni, Recensio vetusta*, Berlin, 1926.

Les éditions des textes originaux se multiplient à l'heure actuelle mais peu de traductions sont encore disponibles. Citons principalement :

A.M. Wolohojian, *The romance of Alexander the great by Pseudo-Callisthenes*, New York-London, 1969. Traduction en anglais de la version arménienne.

F. Pfister, *Der Alexanderroman*, Meisenheim am Glan, 1978. Traduction partielle, en allemand, du texte édité par W. Kroll (traduit ici), avec choix de textes apparentés.

G. Bounoure et B. Serret, *Le Roman d'Alexandre*, Les Belles Lettres, 1990. Traduction en français du texte L édité par H. Van Thiel, *Leben und Taten Alexanders von Makedonien*, Darmstadt, 1974, avec choix de variantes et de textes apparentés.

Avant toute étude critique, les grands textes anciens seront un élément essentiel d'appréciation. En particulier, par ordre chronologique :

— Homère, *Iliade* et *Odyssée* (X-IXᵉ s. avant J.-C.)

— Les tragédies grecques (Vᵉ s. avant J.-C.), et principalement :

Eschyle, *Les Sept contre Thèbes*,
Les Perses.
Sophocle, *Œdipe roi*,
Œdipe à Colone,
Les Trachiniennes,
Philoctète.
Euripide, *Héraclès furieux*,
Les Suppliantes,
Les Héraclides,
Les Bacchantes.

— Les ouvrages des historiens grecs et latins :

Hérodote, *Enquête*, Livre II (grec, Vᵉ s. avant J.-C.)

Diodore de Sicile, *Bibliothèque Historique*, Livre XVII (grec, milieu du Iᵉʳ s. avant J.-C.)

Quinte-Curce, *Histoires* (latin, milieu du Iᵉʳ s. après J.-C.)

Plutarque, *Vie d'Alexandre* (grec, début du IIᵉ s. après J.-C.)

Arrien de Nicomédie, *Anabase d'Alexandre*, suivi de *l'Inde* (grec, milieu du IIᵉ s. après J.-C.)

ainsi que :

Strabon, *Géographie* (grec, début du Iᵉʳ s. après J.-C.)

Pline l'Ancien, *Histoire naturelle* (latin, Iᵉʳ s. après J.-C.)

Ces ouvrages sont quasiment tous disponibles dans une traduction française aux éditions des Belles Lettres, ainsi que dans des collections de poche pour bon nombre d'entre eux.

On y ajoutera les *Romans grecs et latins*, traduits par P. Grimal (Gallimard, 1958), bien qu'ils n'aient rien de commun avec *Le Roman d'Alexandre*, si ce n'est leur appartenance au même genre littéraire.

Il existe autour d'Alexandre et de l'époque hellénistique une foisonnante documentation. Une bibliographie détaillée et mise à jour est fournie dans l'ouvrage de :

E. Will, C. Mossé, P. Goukowsky, *Le Monde grec et l'Orient*, T. II., P.U.F, rééd. 1990.

Nous ne mentionnons donc que quelques ouvrages particulièrement utiles à la compréhension du roman, dans lesquels on trouvera également de bonnes et abondantes références documentaires :

G. Glotz, R. Cohen, P. Roussel, *Histoire grecque*, T. IV, *Alexandre et l'hellénisation du monde antique*, P.U.F, 1945.

P. Goukowsky, *Essai sur les origines du mythe d'Alexandre*, Université de Nancy, 1978-1981.

P. Faure, *La Vie quotidienne des armées d'Alexandre*, Hachette, 1982, et *Alexandre le Grand*, 1985.

P. Pédech, *Les Historiens d'Alexandre*, Les Belles Lettres, 1985.

A titre général, signalons enfin :

C. Lalouette, *La Littérature égyptienne*, P.U.F, 1981.

M. Trédé et S. Saïd, *La Littérature grecque*, P.U.F, 1990.

K. Michalowsky, *L'Art de l'Ancienne Egypte*, Mazenod, 1968.

K. Papoiannou, *L'Art grec*, Mazenod, 1972.

P. Amiet, *L'Art antique du Proche-Orient*, Mazenod, 1977.

TABLE

PUBLICATIONS NOUVELLES

ANSELME DE CANTORBERY
Proslogion (717).

ARISTOTE
De l'âme (711).

BALZAC
Un début dans la vie (613). Le Colonel Chabert (734).

BARBEY D'AUREVILLY
Un prêtre marié (740).

BECCARIA
Des Délits et des peines (633).

CALDERON
La Vie est un songe (693).

CHATEAUBRIAND
Vie de Rancé (667).

CHRÉTIEN DE TROYES
Le Chevalier au lion (569). Lancelot ou le chevalier à la charrette (556).

CONRAD
Nostromo (560). Sous les yeux de l'Occident (602).

COUDRETTE
Le Roman de Mélusine (671).

CREBILLON
La Nuit et le moment (736).

CUVIER
Recherches sur les ossements fossiles de quadrupèdes (631).

DANTE
L'Enfer (725). Le Purgatoire (724). Le Paradis (726).

DARWIN
L'Origine des espèces (685).

DOSTOÏEVSKI
L'Eternel Mari (610). Notes d'un souterrain (683).

DUMAS
Les Bords du Rhin (592).

ECKHART
Traités et Sermons (703).

FITZGERALD
Absolution. Premier mai. Retour à Babylone (695).

FLAUBERT
Mémoires d'un fou. Novembre (581).

FROMENTIN
Une année dans le Sahel (591).

GENEVOIX
Rémi des Rauches (745).

GOETHE
Les Affinités électives (673).

GOGOL
Tarass Boulba (577). Les Ames mortes (576).

HAWTHORNE
Le Manteau de Lady Eléonore et autres contes (681).

HUME
Enquête sur les principes de la morale (654). Les Passions. Traité sur la nature humaine, livre II - Dissertation sur les passions (557). La Morale. Traité de la nature humaine, livre III (702).

JAMES
Histoires de fantômes (697).

JEAN DE LA CROIX
Poésies (719).

KAFKA
Dans la colonie pénitentiaire et autres nouvelles (564). Un Jeûneur (730).

KANT
Vers la paix perpétuelle. Que signifie s'orienter dans la pensée. Qu'est-ce que les Lumières ? (573). Anthropologie (665).

KLEIST
La Marquise d'O (586). Le Prince de Hombourg (587). Michel Kohlhaas (645).

LAXNESS
La Cloche d'Islande (659).

LOCKE
Lettre sur la tolérance et autres textes (686).

LOPE DE VEGA
Fuente Ovejuna (698).

LUTHER
Les Grands Ecrits réformateurs (661).

MALAPARTE
Sang (678).

MALTHUS
Essai sur le principe de population (708 et 722).

MARIVAUX
Les Acteurs de bonne foi. La Dispute. L'Epreuve (166). La Fausse Suivante. L'Ecole des mères. La Mère confidente (612).

MAUPASSANT
Notre cœur (650). Boule de suif (584). Pierre et Jean (627). Bel-Ami (737).

MELVILLE
Mardi (594). Omoo (590). Benito Cereno-La Veranda (603).

MICHELET
Le Peuple (691).

MORAVIA
Agostino (396). La Ciociara (535). Les Indifférents (662).

NOVALIS
Henri d'Ofterdingen (621).

NIETZSCHE
Le Livre du philosophe (660). Ecce homo – Nietzsche contre Wagner (572).

PÉREZ GALDOS
Tristana (692).

PLATON
Ménon (491). Phédon (489). Timée-Critias (618). Sophiste (687).

PLAUTE
Théâtre (600).

PREVOST
Histoire d'une grecque moderne (612).

QUESNAY
Physiocratie (655).

RABELAIS
Gargantua (751). Pantagruel (752).

RICARDO
Des principes de l'économie politique et de l'impôt (663).

RILKE
Elégies de Duino - Sonnets à Orphée (674).

ROUSSEAU
Essai sur l'origine des langues et autres textes sur la musique (682).

SÉNÈQUE
Lettres à Lucilius, I-29 (599).

SHAKESPEARE
Henry V (658). La Tempête (668). Beaucoup de bruit pour rien (670). Roméo et Juliette (669). La Mégère apprivoisée (743). Macbeth (771).

SMITH
La Richesse des nations (626 et 598).

STAEL
De l'Allemagne (166 et 167). De la littérature (629).

STEVENSON
L'Ile au Trésor (593). Voyage avec un âne dans les Cévennes (601). Le Creux de la vague (679).

STRINDBERG
Tschandala (575). Au bord de la vaste mer (677).

TCHEKHOV
La Steppe (714).

TÉRENCE
Théâtre (609).

THACKERAY
Barry Lyndon (559). Le Livre des snobs (605).

TITE-LIVE
La Seconde Guerre Punique I (746).

TOLSTOÏ
Maître et serviteur (606).

VICO
De l'antique sagesse de l'Italie (742).

VILLIERS DE L'ISLE-ADAM
L'Eve future (704).

VILLON
Poésies (741).

WHARTON
Vieux New-York (614).

WILDE
Salomé (649).

GF – TEXTE INTÉGRAL – GF

94/01/M3058-I-1994 – Impr. MAURY Eurolivres SA, 45300 Manchecourt.
N° d'édition 15005. – Février 1994. – Printed in France.